保育者養成シリーズ

社会的養護

林 邦雄・谷田貝公昭[監修]

千葉茂明[編著]

一藝社

監修者のことば

　周知のとおり、幼児期の保育の場はわが国では幼稚園と保育所に二分されている。幼稚園は文部科学省の管轄の下にある教育の場であるのに対し、保育所は教育を主体とする場ではなく、福祉の側面を備えた厚生労働省の下に位置づけられている。しかしながら、保育所は遊びを通じて情操を育むなど、教育的な側面をも包含していることは言うまでもない。

　このような事情から、従前より、幼稚園と保育所のいわゆる「幼・保一元化」が求められてきた。この動きは、社会環境の変貌とともにしだいに活発となり、保育に欠ける幼児も欠けない幼児も共に入園できる「認定こども園」制度として実現した。すなわち、平成18年に成立した「就学前の子どもに関する教育・保育等の総合的な提供の推進に関する法律」（「認定こども園設置法」）がそれである。

　今後、「総合こども園」（仮称）などの構想もあるが、こうした中で保育者は保育士資格と幼稚園免許の2つを取得するという選択肢が広がる可能性が高まっている。その理由は、総合こども園は、幼稚園機能、保育所機能、子育て支援機能（相談などが提供できる）を併せ持った施設で、既存の幼稚園と保育所を基本としているからである。

　監修者は長年、保育者養成に関わってきたものであるが、「保育学」「教育学」は、ある意味において「保育者論」「教師論」であると言えるであろう。それは、保育・教育を論ずるとき、どうしても保育・教育を行う人、すなわち保育者・教師を論じないわけにはいかないからである。よって、「保育も教育も人なり」の観を深くかつ強くしている。換言す

れば、幼児保育の成否は、保育者の優れた資質能力に負うところが大きいということである。特に、幼児に接する保育者は幼児の心の分かる存在でなければならない。

　この保育者養成シリーズは、幼児の心の分かる人材（保育者）の育成を強く願って企画されたものである。コミュニケーションのままならぬ幼児に接する保育者は、彼らの心の深層を読み取れる鋭敏さが必要である。本シリーズが、そのことの実現に向かって少しでも貢献できれば幸いである。多くの保育者養成校でテキストとして、保育現場の諸氏にとっては研修と教養の一助として使用されることを願っている。

　本シリーズの執筆者は多方面にわたっているが、それぞれ研究専門領域の立場から最新の研究資料を駆使して執筆している。複数の共同執筆によるため論旨や文体の調整に不都合があることは否めない。多くの方々からのご批判ご叱正を期待している。

　最後に、監修者の意図を快くくんで、本シリーズ刊行に全面的に協力していただいた一藝社・菊池公男社長に深く感謝する次第である。

平成26年3月吉日

　　　　　　　　　　　　　　　　　　　監修者　林　　邦雄
　　　　　　　　　　　　　　　　　　　　　　　谷田貝公昭

まえがき

　従来、保育士資格を取得する者の教科科目として「養護原理」があったが、平成22年7月、厚生労働省雇用均等・児童家庭局長通知により、保育士資格取得に関する省令の改正が示され、保育士試験の筆記試験科目および指定保育士養成施設の教科目等の新設・名称変更・単位数の変更が行われ、「社会的養護」と名称が改められることになった。

　今日の激しい社会変化や生活の変化、さらに情報社会と価値観の多様化は、個性の名のもとに複雑化してきており、核家族化と家族の孤立など輻輳した社会は、子どもとその家族に深刻な問題となって現れ、子どもを取り巻く環境は決して健全とは言えない。子どもは本来、健全に育成されることが保障されなければならない。その基礎となるのが親であり、家族であり、温かい家庭であり、社会でなければならない。しかし、ときに子どもは親や家族と離れて児童福祉施設で生活をしなければならないことが起こる。こうした薄幸な子どもたちのための健全育成の担い手の一人が保育士と言える。

　子どもたちの健全育成を保障するのは、家庭養護の中のことだけではなく、社会的養護の中で暮らさざるを得ない子どもたちにとっても、特に大切である。このことを保障すべき児童福祉施設の業務は多様化と連携、そして体系化と統合ということができる。今日の福祉ニーズは多様化・複雑化してきており、その対応のために児童福祉施設では、多種の専門職が配置されるようになり、業務内容も広がりを見せている。そのために職種間の連携や協働が重要となっている。そのためには、他の職種の専門性とその業務内容を理解することが求められる。また、今日の子どもと家族が抱えている複雑な問題や課題は、一人の職員で解決する

のではなく、チーム連携による解決が求められる。

　次に、体系と統合では、施設内の支援は、子どもたちの日々の生活支援や教育支援など養育ケアという基本的な支援に加えて、問題や課題を解決していく支援が求められている。子どもと家族が抱えている問題を整理し、計画に基づき解決に向けて進めていくためには、体系化されたケースワークが必要である。また、地域社会の中で生活する親子の自立支援には、子どもと家族の住居を拠点とした地域との関係調整も重要であり、いわゆるコミュニテイケアとして地域資源の活用などによる、子どもと親、家族の見守りや支援体制を構築していく援助、さらに、社会福祉制度を熟知し、必要な福祉サービスを適切に活用できるように指導していくなど、これら一連のコミュニテイケアワークも求められる。また、子どもの心的ケアだけでなく、親が依存から自立し、自らの問題・課題を解決していこうとする主体性を増長させるための親への支援も重要である。こうした多様な取り組みを体系化し、それらを計画的な取り組みの中で統合していくことが重要である。

　このように、保育士の業務は多様化しており、本書は、児童福祉施設の中で働く保育士の業務として求められているこれらの援助技術が、分かりやすく学べるように構成されている。本書の刊行が、保育系・福祉系の養成校で学ばれる学生や児童福祉施設で働かれている実践者に活用されることを願っている。

平成26年3月

編著者　千葉　茂明

社会的養護●もくじ

監修者のことば……2
まえがき……4

第1章 現代社会と社会的養護の意義……9
第1節　社会的養護の理念
第2節　近年の社会的養護の方向性
第3節　社会的養護のニーズの変化への対応
第4節　社会的養護の専門機能

第2章 社会的養護と児童の権利擁護……23
第1節　子どもの福祉と権利
第2節　子どもの最善の利益の保障に向けて
第3節　子どもの権利擁護のしくみ

第3章 社会的養護の歴史的変遷……35
第1節　イギリスの社会的養護の歴史
第2節　戦前日本の社会的養護
第3節　戦後日本の社会的養護

第4章 社会的養護の制度と法体系……49
第1節　児童福祉に関する施策
第2節　障害児や児童虐待に関する施策
第3節　ひとり親家庭やDVに関する施策
第4節　社会的養護に関わる機関・制度など

第5章 社会的養護の実施体制……63
第1節　戦後の児童福祉事業の形成
第2節　児童福祉法と実施体制の整備
第3節　児童家庭福祉の実施体系
第4節　行政機構等と児童家庭福祉の提供

第6章 社会的養護の領域と概要……75
第1節 社会的養護の領域
第2節 里親制度
第3節 施設養護

第7章 施設養護を利用する子ども……89
第1節 社会的養護を必要とする子どもと家族
第2節 施設養護で生活する子どもの暮らし
第3節 施設を巣立つ子どもたち

第8章 要保護児童と児童相談所の支援……103
第1節 児童相談所の機能と役割
第2節 児童相談所の職員と相談の種類
第3節 児童相談所での相談の流れと措置の実際

第9章 施設養護の基本的支援……115
第1節 社会的養護の基本的理念
第2節 社会的養護の共通原理
第3節 子どもの権利擁護

第10章 子どもの成長と小規模グループケア……129
第1節 子どもの成長と発達の保障
第2節 社会的養護の小規模化と地域化
第3節 小規模ケアのこれから

第11章 施設養護のソーシャルワーク……141

第1節 施設養護とソーシャルワーク
第2節 施設養護に求められる援助技術
第3節 各専門職や関係機関との連携

第12章 子どもと家族の支援……153

第1節 子どもと家族再統合の意義
第2節 子ども・家族支援のプロセスと
　　　　ファミリーソーシャルワーカーの業務

第13章 施設養護と専門機関や地域資源との連携……169

第1節 施設運営の向上と地域支援
第2節 地域の関係機関・教育機関との連携
第3節 アフターケアと地域資源との連携

第14章 社会的養護の専門職の理解……185

第1節 専門職員の倫理
第2節 社会的養護の専門性
第3節 専門職員の職種と資格

第15章 社会的養護施設の運営管理……197

第1節 施設運営および組織
第2節 福祉サービスの提供と運営管理
第3節 施設養護に関する基準

監修者・編著者紹介……211
執筆者紹介……212

第1章

現代社会と社会的養護の意義

千葉　茂明

第1節 社会的養護の理念

1.「養護原理」から「社会的養護」へ

 2011年4月より、保育士養成課程の改正が施行され、これまでの「養護原理」が「社会的養護」と改名された。
 「養護原理」は、「児童福祉施設の設備及び運営に関する基準」(旧・児童福祉施設最低基準)の中に、保育士の業務として、保育所での保育だけでなく、乳児院、児童養護施設などの児童福祉施設において、利用している児童の生活を支援する専門職として位置づけられていることから、「養護原理」は、保育士養成課程の必修科目であったが、「社会的養護」に改名されても、保育士養成課程の必修科目として修得しなければならないことは変わっていない。
 しかし、「養護原理」は施設養護の学びを中心に置かれていたが、今日、老人福祉法等の8法改正から社会福祉基礎構造改革により、従来の選別主義的な利用者のみの支援や施設中心的な支援の考えから、その家族や地域をも視野に入れた普遍的・総合的視点からの支援に変化した。
 児童福祉も、選別された児童のみの養護から、家族・家庭やそれらを取り巻く地域資源の活用を考えた支援へと変化している。「社会的養護」の学びは、これらの変化を踏まえて、従来の施設内の養護にとどまらず、児童とその家族、さらに地域を視野に入れた福祉のあり方を学びの中心にして進められることになる。

2．社会的養護の理念

 社会的養護の理念は、まず、児童福祉法第1条の「児童福祉の理念」を基本とする。

> 第1条　すべての国民は、児童が心身ともに健やかに生まれ、且つ、育成されるよう努めなければならない。
> 2　すべて児童は、ひとしくその生活を保障され、愛護されなければならない。

　このように全ての児童の健全育成と愛護の権利を認めて、それを具現化する責任は、親ととともに国、地方公共団体の公的責任と義務を規定している。さらに、同法第3条では、第1条および第2条は、児童の福祉を保障するための原理として尊重しなければならないことを規定しており、あらゆる児童に関する制度や政策の中に尊重されなければならないことを明確にしている。

　次に、児童の権利に関する条約の第3条にある、児童に関するあらゆる決定の判断基準は、「児童の最善の利益が考慮されなければならない」と規定されているが、児童支援における基本的として尊重されなければならない。

　社会的養護の基本は、こうした憲章、法律を空文化させることなく、子どもを権利の主体者として捉え、生きる権利、育つ権利、愛される権利、守られる権利、参加する権利を保障し、さらに、これらの権利を行使する者として捉えていくことが求められる。

　また、2011年7月、厚生労働省の社会福祉審議会児童部会社会的養護専門委員会がまとめた「社会的養護の課題と将来像」の報告書では、社会的養護は、「子どもの最善の利益のために」という考え方と、「社会全体で児童を育む」という考え方を理念とすることが述べられている。

第2節　近年の社会的養護の方向性

　社会的養護の一つである児童養護施設などで生活をせざるを得ない子どもたちの生活環境を考え工夫をすることは、子どもにとって重要な意

味を持ち、また、子どもの最善の利益の視点に立ち適切な援助を行ううえでも必要不可欠なことである。

特に、今日の社会的養護を利用する子どもの措置理由の約8割が、虐待またはマルトリートメント（maltreatment；不適切な関わり）によるものであり、要保護児童が発見されるまでに、家庭内で子どもは心身に深い傷を抱えたり、愛着形成が不十分な環境に育ったりしているために、精神面や情緒面に深刻な課題を見せたり、また、関わりの難しい子どもが増えたりしている。そのため、専門性の高い支援技術が求められ、次のような具体的な取り組みが行われている。

1. 養育単位の小規模化と家庭的養護の推進

子どもたちが日々生活を送ることになる児童養護施設の生活環境などは、子どもを支援するための基礎となる重要な場であることから、今日の社会的養護の方向性として、養育単位の小規模化と家庭的養護の推進が進められている。

養育単位の小規模化は、支援者と子どもとの信頼関係が築きやすい。生活上のニーズや心身のニーズに適切に応えることができ、安らかな日々を過ごしやすくなる生活集団の小グループ化は大切なことである。

前述の「社会的養護の課題と将来像」の報告書では、虐待等の理由で社会的養護の支援が必要な子どもに対して、できる限り施設ケア単位の小規模化や家庭的養護での養育を推進している。

しかし、日本の児童養護施設の7割が大舎制で、定員100人を超えるような大規模施設もある。国は、今後の児童養護施設の新築・改築に当たっては、児童養護施設の本体は小舎制（ユニットケア）による養育単位の小規模化の施設設備を進め、地域分散化としてグループホームを活用する方向性が明確にされている。施設内の小規模グループケアは6～8人を生活単位とするもので、中学生・高校生の1人部屋や、小学生または幼児などの2人部屋の居室と、リビング、キッチン、浴室、トイレ

などの設備が各小舎（ユニット）に設置され、家庭的な環境を整えることが求められる。また、地域の民間住宅などを活用して行うグループホームは、さらに家庭的な環境となり、児童定員6人で本園と連携が取れる範囲で運営が行われる。

　乳児院においても、養育単位の小規模化の推進は重要な課題となっている。乳児院では、被虐児、低出生体重児、慢性疾患児、発達の遅滞、障害児などの医療・療育の必要な子どもが増加しており、また、関わりの難しい幼児や、虐待等で愛着の問題を抱えたり心身に傷がついたりした乳幼児のために、治療的機能の充実が求められている。このために、個別対応職員や心理療法担当職員、経験豊かな看護師の配置が重要である。

　さらに、乳児院に措置されて、早期の家庭復帰の見込みがない場合は、里親委託を優先して、不必要に施設生活の長期化や児童養護施設への措置変更にならないように、里親委託の推進も今日の社会的養護の方向性として進められている。

　日本の社会的養護は、施設が9割で里親が1割と低い状況である。イギリス、イタリアなどは里親委託率が6割で、ドイツは3割であるなど、欧米諸国と比べて里親委託率が低く、施設に偏っているために、今後の社会的養護の方向性として里親委託率を3割程度に引き上げるように進めている。

　しかし、養育単位の小規模化や家庭的養護の小舎制・グループホーム、里親の推進は、利用する子どもにとっては利点が多いが、それを支援する職員の視点から考えると多くの課題がある。①支援の密室化、②職員によってホームの運営が左右される、③職員の孤立、④長時間勤務などの課題が指摘されている。また、里親に対する支援体制の確立が求められている。これらの課題に対して施設現場では、①職員の専門性の向上、②職員間の連携、チームワークの向上、③勤務体制の複数化、④グループホーム等と本園との連携強化、④情報の共有化、⑤相談支援体制の充

実、⑥支援の標準化作成、などさまざまな取り組みが行われている。

2．施設職員の専門性向上の推進

　小規模グループケアを推進するためには、措置費の人員配置を高めて、運営しやすくする必要がある。また小規模グループケアやグループホームにおいては、職員の高い専門性が求められるため、研修の充実や職員チームの連携の向上やチーム責任者、さらにスーパーバイザー（基幹的職員）の設置が必要であり、有効な施設組織の構築も求められる。

　施設の質の向上には、職員の研修体制の充実が大切である。施設運営者は職員の専門性の向上に常に積極的に努めなければならない。職員に対し、施設外で提供されている研修（Off-JT; Off the Job Training）への積極的な参加を呼びかけることはもちろんのこと、施設内における研修（OJT；On the Job training）を頻繁に開催すべきである。施設内独自の身近な課題に対して専門家を招いて行う研修や新人研修、各専門職別または担当別の研修を職員自ら講師や発表者となって行う研修は、課題の共有化と職員の専門的成長に有効である。また、常に研究姿勢を大切にし、テーマごとに施設内で複数の小研究会（ワークショップ）を推進することは、受け身になりがちな座学とは違い、専門性向上への積極的な姿勢が育まれるなど大切な取り組みとなる。また、施設長に対しても専門性が問われており、資格要件の強化や研修の義務化が進められている。

3．施設運営の格差是正と平準化

　日本の社会的養護の課題は、施設によって運営の質の差が大きいことである。措置される子どもは、施設を選ぶことが現実的に難しいことを考えてみても、施設によってサービスの質の格差があり、育ち方やその後の人生に大きな影響を受けるような不平等があってはならない。それぞれの施設では経験の積み重ねによるノウハウが蓄積されているが、その共有化が図られないために、施設により取り組みの質の差が出ている。

各施設間の専門性の共有化を図るためには、社会的養護においても保育所保育指針のように、例えば児童養護施設運営指針のようなものが必要であり、社会的養護の質の平準化を進めていかなくてはならない。

4．第三者評価受審の義務化

　施設の運営の質を上げる取り組みとして、第三者評価および自己評価の実施が求められている。第三者の目で施設の運営をチェックすることは、質の改善を図っていくうえで重要である。また、この第三者評価は、施設長をはじめとする全職員が自己点検、自己評価を行い、自ら施設の課題に気づき認識する機会となることからも、施設運営の改善や専門性向上につながるのである。

　しかし、第三者評価の受審率は低く、2009年時点では、例えば児童養護施設は14％と低迷し、受審が進んでいないことが課題であった。そこで2012年の「児童福祉施設の設備及び運営に関する基準」に、業務の質について定期的に外部から評価を受け、結果を公表して改善することが義務として規定された。また同年、厚生労働省社会・援護局長通知として、3年に1回以上の第三者評価および自己評価の受審が通達された。

　特に、措置制度による運営が行われている児童福祉施設は、第三者の目で評価され、閉鎖的な組織から脱却を図ることが重要である。今日の福祉は、利用者をはじめ地域社会に事業内容を情報公開することが義務となっており、施設責任者がそのことを自覚することにより、閉鎖的と言われる施設を改革し、利用者のための施設として発展していくことが期待されるのである。

5．社会福祉法人における理念の具現化

　さらに重要なことは、施設職員一人ひとりが、施設の理念を理解し意識化していることである。理念は施設運営の原動力とならなければならない。社会福祉法人はどこも理念を掲げているが、問題はその理念が

活力ある生命力を持って施設事業の源になっているかということである。理念は進むべき施設の目標であり、それを具体化していくための意識化と力を全職員が共有していることが重要である。

そのためには、社会福祉法人が行う事業とは何かという基本的な問いに対して、常に明確な答えが理念の中になければならい。また、社会福祉法人は誰のために、何をどのように行う事業であるのかという問いに対しても、理念は明確に答えていなければならない。理念のない施設はない。しかし、現実に理念が生命力にあふれているかといえば弱い。理念が空洞化し、利用者のための福祉なのか、社会福祉法人のための福祉なのかを問いたくなるようなものも、ときどき見受けられる。ほこりをかぶった額の中だけの理念であってはならない。

第3節 社会的養護のニーズの変化への対応

1．戦後からの社会的養護のニーズの変化

家族の福祉を阻害するさまざまな問題は、時代の変遷とともに形を変えながら表出し、社会的養護のニーズは社会の変化とともに変化してきている。

戦後の社会的養護の中心であった戦災孤児、引き揚げ孤児、浮浪児といった要保護児童は、1960年頃までには順次社会自立を果たしていった。また、その頃から始まった日本経済の拡大により高度経済成長のひずみを生み出し、人口の都市への集中、農村の過疎化、そして核家族化の進展、家族機能の変化、地域社会の弱体化など、生活環境の激変が国民生活の基盤を崩壊していった。また、離婚、家庭不和、親の死亡、長期疾病、サラ金被害等による問題のほか、親の養育能力の未熟さなどから不適切な養育問題が増加し、非行、校内暴力、登校拒否、家庭内暴力、さ

らに今日では、親等による児童虐待の深刻化や配偶者間の暴力による児童被害等の問題が深刻化してきている。社会的養護は、これら時代の社会変化が生み出す新たなニーズに対応するために、その使命を終わることなく、新たな時代の新たな受け皿として必要とされてきているのである。

2．新たな社会的養護の支援変化

　日本の養護体系は、**図表1**のように、本来、親の元で児童が養育される家庭養護と、家庭で育てられない児童を児童福祉施設等で養育する社会的養護の並列二元論で述べられてきた。しかし、先に述べたように社会的養護ニーズの変化により、現在の要保護児童の約9割に親や家族が存在している。すなわち、児童養護施設などにおける代替家庭としての役割は、親や家族を失い里親等に委託できないという約1割の児童のためには必要ではあるが、大部分において従来の役割は終えていると言える。

　今日の社会的養護のニーズ変化は、家庭養護か社会的養護かの並列二元論ではなく、**図表2**に示すように、要保護児童の支援はその家族の問題解決を抜きにしてはあり得ないため、社会的養護の役割は、子どもとその家族を支える直列一元論の働きと考えるべきである。このことは大きな支援の変化を意味する。旧来のように子どもの入園から社会自立まで、施設内の養育支援に終始していた単純養護から、子どもとその家族が抱える複雑な問題に対応する問題解決型の支援や、家族自ら主体的に

図表1　従来の社会的養護体系

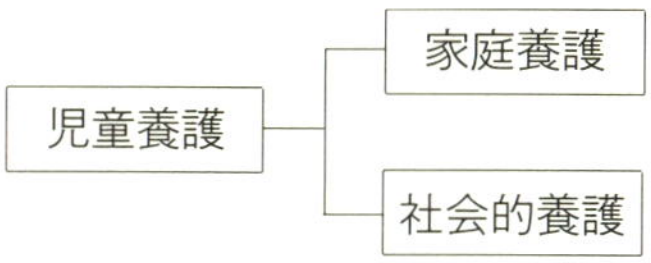

児童養護 ── 家庭養護
　　　　 └─ 社会的養護

（筆者作成）

図表2　今日の社会的養護体系

- 社会的養護
  - 家庭養護 ← 本来、親によって児童が養育されるべき養護の場所
  - 社会的養護：家庭養護が、なんらかの理由で児童の養護ができない時に、家庭養護を支える具体的なこととして、一時的または長期的に児童を養護したり、また、その家族を支援し問題を解決したりする場所の総体。
  - 地域を基盤とした社会的養護
    - **予防的養護**：地域の児童・家族を予防的支援する。児童健全育成、児童の心身の健康支援、相談・指導、また、虐待や家庭崩壊等の早期発見、予防的対応をするための制度・政策や機関を意味する。
      保健所の乳幼児健診、保健指導、児童委員の相談・指導、要保護児童対策地域協議会の見守り支援、児童厚生施設、児童家庭支援センター等
  - 施設を基盤とした社会的養護
    - **補完的養護**：家庭養護の機能が欠けた状況を補完したり強化したりするための制度や施設。
      保育所、知的障害児通園施設、難聴幼児通園施設、肢体不自由児通園施設、児童館、短期入所児童生活援助（ショートステイ）事業、夜間養護等（トワイライト）事業等
    - **支援的養護**：親子を共に施設に受け入れ、社会自立に向けて支援する施設。
      助産施設、母子生活支援施設
    - **再構築的養護**：乳児院、児童養護施設など児童福祉施設を利用している、児童が再び自分の家族のもとに家庭復帰できるために、親の社会的自立、経済的自立などを支援する。また、養育知識、技術や問題を解決または軽減する支援。さらに、虐待、家庭崩壊等で傷ついた児童の心のケアなどを行い、できるだけ早期の家族再統合を可能にするための養護。
      乳児院、児童養護施設、施設分園型グループホーム（地域小規模児童養護施設、自治体独自型グループホーム）
    - **治療的養護**：非社会的行動や反社会的行動、また、障害のある子どもの治療を目的とした養護。
      児童自立支援施設、情緒障害児短期治療施設、障害児入所施設、児童発達支援センター
    - **代替的養護**：親、家族、家庭を失った児童や長期にわたって家庭復帰が見込まれない児童のために、本来の家庭養護に代わって行う養護。社会的養護の伝統的な養護である。
      里親（養育、専門、親族）、普通・特別養子縁組、里親型グループホーム（小規模住居型児童養育事業：ファミリーホーム）、乳児院、児童養護施設、施設分園型グループホーム

（筆者作成）

福祉制度の活用や地域資源を活用し、親子が地域の中で自立して生活を営めるための自立支援型の働きが求められていることである。

図表2は、今日の社会的養護のニーズ変化に対応した支援の概念図である。まず、家庭養護を支えるものとして、「地域を基盤とした社会的養護」と、従来からの「施設を中心とした社会的養護」に大きく分けることができる。

「地域を基盤とした社会的養護」は、地域住民の家族問題の発生を早期に発見したり、問題を未然に防いだり、見守りを行ったり、また、施設から地域の保護者の元に家庭復帰した児童と家族を支援したりするもので、地域の民生委員・児童委員、児童家庭支援センター、要保護児童対策地域協議会、保健所、保育所、各種学校、警察などの機関が単独あるいは連携して行われる「予防的養護」である。

「施設を中心とした社会的養護」は、従来から行われている施設援助を中心に家庭問題を解決していく方法で、問題のある家庭から児童を施設に保護し、養育するのであるが、施設を中心にした養護の概念として、「補完的」「支援的」「再構築的」「治療的」そして「代替的」に大別することができる。

3.「家庭代替型養護」から「利用型養護」に

図表2の今日の社会的養護体制の概念図は、今日の社会的養護ニーズの変化とともに、社会的養護の支援体制も変化をしなければならないことを意味している。

今日の社会的養護、特に乳児院や児童養護施設では、従来の代替的機能を中心とした養護の中で、子どもの社会自立まで長期間養護する考え方から、子どもと家族が危機的な期間においてのみ支援する比較的短期間の支援に変化している。そのことは、現在、社会的養護を利用する子どもの約90％を超えて親が存在していることから言える。つまり、90％の子どもは、親子のきずなを結び直し家族問題を解決していくことで、

再び家族とともに生活ができる可能性があるということである。この可能性に取り組み、子どもと家族が再統合する援助を新たな役割として捉えることは大切なことであり、施設で暮らすどの子どももが抱いている希望でもある。つまり、今日の社会的養護は、誰もが重篤な病気のときに一時的に病院に入院するように、家族の危機の期間のみ一時的に社会的養護を利用することから「利用型養護」として捉えることができる。

今日の社会的養護が、子どもとその家族が危機的な期間においてのみ利用する施設と捉えることは、従来の「家庭代替型養護」から、親子関係、家族関係、家族機能の脆弱部分の改善を支援する「家族再構築型養護」への変化と言える。子どもの家族や家庭機能を阻害している原因にアプローチして、脆弱な部分の補完・治療・再構築を計画的に実施し、解決または軽減するためには、家族のエンパワーメントを活用し、家族自ら主体的に問題解決が図れるように計画的に支援していけるように、専門的機能を持つ必要がある。

第4節 社会的養護の専門機能

社会的養護における児童福祉施設は、ただ単に児童に衣食住の提供や身辺的支援、教育支援など、日常的な子どもの必要を充足させるだけでなく、子どもへの精神的・情緒的な支援を通して、心の治療や人間性の発達など子どもの健全育成を保障することを目的としている。

今日、児童福祉施設の実践的な視点から見た専門機能には、次の11機能がある。各専門機能がそれぞれに高度な専門性を児童に提供するとともに、効果的な支援を行うために各機能が十分に連携していくこと、家族の主体的参加による問題解決が図れるようにすることが大切である。

①保護的機能：保護者のいない子どもや保護者に看護されることが適当でない子どもを保護し、生活を保障する憲法第25条に基づく基本

的な機能。
②養育機能：子どもの心身が健全に成育される権利を、専門的な視点から保障する基本的な機能。
③教育支援機能：当然、学童期の子どもに対する学校教育の支援、家庭教育における支援も行われて、社会自立へ基本的学業の修得を行わせるもの。
④心理的ケア機能：虐待等のさまざまな環境の下で、適切な養育が受けられなかったことにより生じる発達のゆがみや心の傷に対して、心理治療職員等により専門的な治療支援を行うもの。
⑤治療訓練的機能：非行や情緒的な課題を持つ子ども、さらに肢体不自由児など障害の課題を持つ子どもに対する治療と訓練を行うもの。
⑥子どもの権利保障の機能：児童憲章、児童福祉等で保障されている子どもの権利を保障し、社会的養護の中で子どもの生活が支援されること。
⑦社会的自立支援機能：どの子どもも、将来的には自立して、社会の一員としてその役割を果たしていけるように支援を行うこと。
⑧子ども・家族再統合の機能：現在、社会的養護を利用している子どもの約9割に保護者が存在していることから、子どもが親から愛され安心して暮らせる状況に再構築し、再び子どもと家族が共に生活できるように保障していくこと。
⑨地域支援機能：子ども・家族再統合のために、また、子どもの家庭復帰後の生活が安定するために、地域資源の活用とネットワーク等による有効な支援機能を組み合わせ、地域における子どもの養育と保護者への支援を行うための機能。
⑩アフターケア機能：家庭復帰、就職自立、進学等によって退園した子どもが、退園後もスムーズに生活していけるように支援していくこと。
⑪里親支援機能：保護者のいない子どもや、保護者の養育が期待でき

ない子どもを里親に委託し、委託後も里親と里子の良好な関係を維持するために支援を行うこと。

「社会福祉審議会児童部会社会的養護専門員会」がまとめた「社会的養護の課題と将来像」の報告書では、これらの機能の中でも「養育機能」と「心理的ケア等の機能」「地域支援等の機能」が特に大事なことであると述べている。

【参考文献】

千葉茂明「児童家庭福祉と社会的養護の関係性」新保育士養成講座編纂委員会編『社会的養護』（新保育士養成講座5）全国社会福祉協議会、2011年

第2章

社会的養護と
児童の権利擁護

上村　千尋

第1節 子どもの福祉と権利

1．なぜ権利擁護が必要なのか

「子どもには愛を受ける権利がある」
「子どもには最適な条件の下で成長発達する権利がある」
「子どもには失敗する権利がある」
「子どもには真剣に受け止められる権利がある」
「子どもには正義にもとることに抵抗する権利がある」

　今日の子どもの権利思想の形成に多大なる影響を与えたヤヌシュ・コルチャック（Korczak, J. 1878～1942）は、「子どもの権利に関する大憲章」の中で、従来の保護や救済の対象としての「受動的な権利」を有する子ども観だけでなく、要求や主張などの「能動的な権利」を有する「権利行使の主体」としての子ども観を明確に記しており、子どもという存在をどのような視点でもって見つめ、関わっていくことが求められるのか、その基本的なことを私たちに問いかけている［コルチャック、2011］。
　また、子どもの権利保障に向けて世界規模で活動を行う国連NGO・DCI（Defence for Children International）は、子どもが子どもらしく育つうえで大切な「子ども期」について、次の3つの視点から指摘している。①個としての人間の主体性を肯定される尊厳の保障、②その存在を丸ごと抱えてくれ、安心と自信と自由を保障してくれる人間関係（居場所）の保障、③自分らしくかつ他人や社会のためにも生きられるような人格へと成長・発達する機会の保障、である［子どもの権利を守る国連NGO・DCI日本支部、1999］。
　これらが、家族の愛情や信頼をベースとした豊かな共感・応答関係の

中で確保されてこそ、子どもは自らの内発的な力を発揮し、より良く育っていくことができると言える。しかし、被虐待児童の割合が増加している社会的養護の現状を見れば、子どもの多くが、第一次的養育責任を担うその親から「子ども期」を奪われ、「子どもらしく生きる権利（成長・発達権）」を侵害されてきたと言っても過言ではない。だからこそ、社会的養護の現場では、子どもを権利侵害から守ると同時に、奪われた権利を回復するための支援が求められ、併せて、子どもの最善の利益と成長・発達を保障する、という権利擁護を基盤とした実践が必要不可欠となる。

2．子どもの権利条約と国連ガイドライン

1989年、国連総会で採択された「子どもの権利条約（Convention on the Rights of the Child）」は、「子どもの最善の利益（the best interest of child）」の保障を軸として、18歳未満の子どもが幸せな子ども期を過ごすために不可欠な内容を子どもの権利として規定し、一人ひとりの子どもがその秘めている能力を最大限に発達させ、自由で民主的な大人へと成長する「子どもの成長・発達権」を保障するものであるとしている。また、親や家庭の存在の重要性、特別な保護や配慮など、子ども固有の権利を詳細かつ具体的に規定しただけでなく、「権利行使の主体としての子ども」という視点を明確に位置づけたことが、従来の諸規定と大きく異なる点である。

第1部（計41ヵ条）の内容については、①子どもの生存・保護・発達保障に関するもの、②子どもの最善の利益、子どもの権利を保障する主体としての親の第一次的養育責任など、子どもの特性に配慮したもの、③子どもの意見表明、思想・良心の自由など、子どもの主体的な権利行使を認めるもの、の3つに類型化される。また、権利条約の第20条は「家庭環境を奪われた子ども」について述べてあり、子ども自身の最善の利益のためにその家庭環境にとどまることが認められない子どもに対して、国は特別の保護および援助を与えなければならないとしている。

子どもの権利条約に関連した新たな動きとしては、2009年1月20日に国連総会が「子どもの代替的養育に関するガイドライン」（以下、国連ガイドライン）を採択したことである。国連ガイドラインでは、実親による養育を奪われている、あるいは奪われる危険にさらされている子どもの保護とウェルビーイング（well-being；子どもの権利や自己実現の保障）に関して、子どもの権利条約とそれ以外の国際文書の関連規定の実施を強化することを目的として、守られるべき子どもの最善の利益の質に関する基準や政策および実践の望ましい方向について定めている。

　国連ガイドラインでは、特定の保護者（養育者）による愛情を基盤とした永続的な養育という家庭的養護を優先しているが、わが国の社会的養護のほとんどを施設養育が占めている現況においては、子どもの健全な発達・成長のための最善の利益の確保など子どもの権利擁護を基盤とした支援を目指して、一人ひとりの子どもの持つ個別性やニーズに応じた社会的養護の場を提供していくことが課題となる。そのためには、里親制度の拡充や推進、施設の家庭的養育やケア単位の小規模化、自立支援の強化など受け皿としての社会的養護の充実と併せて、子どもが本来育つ場である家庭への支援、家族の再統合・再構築に向けた支援の充実を図っていくことが求められる。

3．子どもの権利条約批准後の動き

　1989年に子どもの権利条約が国連総会で採択されて25年、日本政府が1994年に批准して20年がたつが、この間の日本の進捗状況について、子どもの権利保障や権利擁護を中心に簡単に見ていくことにする。

　子どもの権利の確立とその侵害の監視・救済を趣旨とした法律として、「児童買春、児童ポルノに係る行為等の処罰及び児童の保護等に関する法律（児童買春・ポルノ禁止法）」（1999年）、「児童虐待防止法」（2000年）の制定が挙げられる。また、子どもの権利救済や相談を目的とした国や自治体レベルの取り組みとしては、1994年度より「子どもの人権専門委員」

制度が開始され、その後、1999年に兵庫県川西市に子どもの権利救済のための公的第三者機関「子どもの人権オンブズパーソン」が設置されたのを出発点に、各自治体で「子どもオンブズパーソン制度」「子どもの権利擁護委員会」が設置され、子どもの相談や救済制度の構築などの動きが進んでいる。

　特に子どもにおいては、成長・発達過程にあることを配慮し、権利侵害という状況を未然に防ぐこのような予防的活動が重要となる。また、権利侵害への監視・救済については、子ども自身の意見を十分に聞くことや、子どもの最善の利益が達成されるような配慮、子どもの声を代弁することや、子どもの当事者能力の評価や尊重が十分になされる必要がある。

　子どもの主体的な権利行使を大人や社会が積極的に支援し、子どもの社会参加を確立していく動きとしては、「子ども条例」などの子どもに関する条例が各地で制定され、子どもを主体とした施策づくりやまちづくりの取り組みが進んでいる。また「子ども会議」など、条例制定過程において子どもの意見表明と参画の権利を保障する取り組み、子どもの意向を聞くためのワークショップを開催するなどの活動がなされている。このように、子どもの権利条約の批准を一つの契機として、少しずつではあるが、子どもの権利を保障する施策や取り組みが着実に進められている。

第2節　子どもの最善の利益の保障に向けて

1．子どもの意見表明権

　子どもの権利条約第12条でうたわれている「意見表明権（The Right to Express These Views）」の特色とは、およそ人間としての独立主体性を

自ら実現する具体的な権利であり、その対象を「その児童に影響を及ぼすすべての事項」と広く捉えている点、意見の取り扱いについては、「その児童の年齢及び成熟度に従って考慮される」点などが挙げられている。加えて、意見表明権の本質は、「安心と自信と自由」を担保する人間関係を形成する権利とも言え、子どもの成長・発達権の基盤であるといわれている。つまり、安心して「自分の意見、想い、気持ちなどを表明する」ことのできる「人間関係」と「居場所」が保障される権利のことを意味し、さらには、大人や社会との関係における子どもの「参加・参画」や「主体性」を保障する権利でもあると言える。

社会的養護の下で暮らす子どもたちの中には、その成育歴や抱える特性により、都合の悪いことや困っていることを伝えられない、あるいは初めから伝えることを諦めてしまっている子どもが少なくないのも事実である。だからこそ、自分や相手にとって不利益なことであれ、意見を自由に表明でき、受容と承認を得られる人間関係や居場所の保障が、子どものより良い成長・発達のためには不可欠となってくる。だが、これまでの成育歴の中でそのような経験を伴わなければ、「意見表明権」について「分かっている」「知っている」としても、「実行する」あるいは「どのように実行するか選択する」までには至らないかもしれない。大人が思っている以上に、子どもたちにとって、「知識（認識・理解）としての意見表明権」と「自身の権利擁護の手段としての意見表明権」との間を隔てる壁は高いと思われる。

したがって、不満や不服などの意見を聞かれること（表明できること）の意味について、また意に反する処遇がなされた場合にどのような対処手段があるのか、不満や不服等の意見を言うことでどのような援助・相談を受けることができるのか、ということについて児童に説明することが求められる。その一方で、日常の場面の中で、子どもにとって自分の考えなり感じたことを「支配されない・抑圧されない」形で意見表明できる、受け止めてもらえる環境設定と関係づくりが重要となってくる。

このような取り組みを積み上げていきつつ、子ども自身が必要なときに必要な人や資源（情報やサービス等）に頼れる力、自身の成長過程に応じて意見や意向を表明するなど、自らの権利を擁護していくセルフ・アドボカシー（self advocacy）の力を形成し、自立への道筋を支えていくことが、今日の社会的養護の現場に求められる実践であると言える。

2．子どもの権利ノート

　1995年に、児童養護施設などに入所する子どもに配布される「子どもの権利ノート」が大阪府により作成され、その後、名称の違いはあるが、現在ではほとんどの都道府県で作成されている。児童相談所で、入所する子どもに対して施設生活等の説明の際に用いる方法や、施設入所時に施設の「生活のしおり」と併せて配布するなどの活用がなされている。

　子どもの権利ノートの内容についてはさまざまではあるが、大きく分けて、①子どもの権利について、②施設での生活について、③相談について、の3つの柱で構成されている傾向にある。①の権利については、子どもの権利条約の趣旨に沿って、子どもが自ら持つ権利について学べるような内容となっており、とりわけ、分からないことや不満等を職員に話せる・聞いてもらう権利があること（意見表明権）、家族について知る・会える権利（必要な情報を得たり知る権利）、いじめや差別を受けない権利など、子どもの視点に立って、施設生活の中で起こりうる状況や抱えやすい悩みを具体的な場面を想定しつつ回答するといった形で構成されているもの、子どもが読み進めやすいようにイラストが添えられているものが多い。中には、小学校低学年を対象とした権利ノートを作成している自治体もあり、平仮名で書かれてあるなど工夫を凝らしているものもある。また、相談・救済の資料としての用途も併せ持ち、外部の相談・支援先リストや連絡先が書かれたもの、児童相談所へ送付できる葉書が添付されたものなどもある。

3．権利擁護に向けた取り組み

　子どもの最善の利益や意見表明権の保障がどのように現場で実践されているのか、その取り組みについて触れていく。全国の児童養護施設を対象に筆者が2011年に実施したアンケート調査の結果によると、実施度が高かったものは、「意見箱の設置」「第三者委員・苦情解決委員等の設置」「子どもからの不服や意見の把握」であった。日常的な取り組みとして、環境設定（安心できる空間、話しやすい雰囲気、信頼関係等）や子どもに分かりやすく説明する、子どもの意見を反映した施設づくりについての記述が多く見られ、子どものニーズを引き出し援助につなげていくことや、意見を自由に表明できるための関係づくり、安心して受容してもらえる関係性（居場所）の形成に努めていることがうかがえた。

　また、「自立支援計画策定の際に子どもの意向を取り入れること」「計画の説明を行うこと」「ケース会議への子どもの参加」など、子どもの権利の視点に立った自立支援の取り組みもなされている。

　一方で、意見表明権の保障の課題として、「子どもの特性や能力に応じた意見の聴き方や説明の仕方」「子どもに関する情報の開示のあり方」「子どもの話をゆっくり聴く機会とその時間の確保」を挙げている施設が少なくなかった。

　子どもの人権・権利教育への取り組みについては、子どもへの暴力防止プログラムである「CAPプログラム」や「性暴力治療プログラム」の実施、劇や絵本などを通じての取り組みがなされている。

　権利擁護の一環として、子どもの意見表明を保障する取り組みは、体制的には整いつつあるが、権利擁護の取り組みが子どもにどのような影響を与えているのか、その支援の受け手である子どもからの評価についても、今後は検討を加えていく必要があるだろう。

第3節 子どもの権利擁護のしくみ

1. 法改正等に見る子どもの権利擁護の推進

　社会的養護分野における権利擁護の動きについては、1997年の児童福祉法改正に伴う児童福祉施設最低基準（現・児童福祉施設の設備及び運営に関する基準）の改正により、施設長の懲戒権の濫用が禁止され（同第9条の2）、併せて、同年には施設における体罰事件などの不適切な処遇の防止を図ることを目的に、「児童養護施設等における適切な処遇の確保について」（厚生労働省児童家庭局家庭福祉課長通知）が発令された。さらに、1999年には「児童養護施設等に対する児童の権利擁護に関する指導の徹底」がなされ、その通知の中で「児童がひとりの人間としてその尊厳が保障され、その尊厳にふさわしい処遇が提供されなければならないもので、身体的苦痛や人格を辱める等児童の人権を侵害する行為を絶対に許されるものではない」と子どもの権利擁護に努めるよう明確に記された。その翌年2000年の児童福祉施設最低基準（現・児童福祉施設の設備及び運営に関する基準）の改正により、苦情解決システムが導入された（同第14条の2）。

　2009年4月には、改正児童福祉法において、職員による入所児童への体罰や不適切な処遇、および子ども間での暴力やいじめの放置等を防止することを目的に「被措置等児童虐待防止」についての規定が新たに盛り込まれ、法制化された（児童福祉法第33条の10）。

　また、2011年3月には「社会的養護関連の施設運営指針及び里親等養育指針について」（厚生労働省雇用均等・児童家庭局通知）が発令され、同じく2011年度より、この運営指針で示されている理念が実践に移されているかその評価を行う「第三者評価」の実施の義務化、さらには職員配

置基準の引き上げなど、社会的養護を取り巻く情勢はめまぐるしく変化している。

2．苦情解決のしくみ

社会的養護の現場においては、利用者等（子どもとその家族）からの苦情に対し、運営適正化委員会を設置してその適切な解決に努めることが法的に規定されている（社会福祉法第82条・第83条）。これにより、「苦情解決制度実施要綱」などのマニュアルを作成し、子どもとその保護者からの意見や苦情を受け付けるしくみを導入している。具体的には、①意見箱の設置、②子どもの自治会、③権利擁護アンケート、④個別面談などで子どもの声を把握するだけでなく、⑤第三者委員への相談システムなどを子どもに情報として提供し、また掲示するなどして、子どもが意見表明や不服申し立てをしやすい環境配慮がなされている。一方、保護者に対しては、関係機関と連携して、随時、子どもの状況報告や施設行事等の招聘時での意見交換を通じて、信頼関係の構築や理解を図っている。

3．第三者評価・自己評価の導入

社会福祉施設等の第三者評価については、2004年より、厚生労働省の「福祉サービス第三者評価事業に関する指針について」に基づき実施されているが、社会的養護関係の施設においては、施設運営指針の見直しがなされたこともあり、2012年より第三者評価の受審およびその結果の公表が義務づけられた。第三者評価基準の項目は、施設運営指針の項目と対となっており、指針と照らし合わせながら施設運営における課題を把握し、子どもの最善の利益の実現のために施設運営の質の向上を図ることを目的としている。

評価項目は、①養育・支援、②家族への支援、③自立支援計画、記録、④権利擁護、⑤事故防止と安全対策、⑥関係機関連携・地域支援、⑦職

員の資質向上、⑧施設の運営の8項目であり、項目ごとに評価細目がある。また、細目ごとに評価基準の考え方や評価のポイントおよび着眼点が設けられており、養育・支援を行うための留意点や子どもの権利擁護の視点が具体的に明記されている。

　第三者評価の実施に当たっては、施設の自己評価の結果に基づき、評価調査者（第三者）が実地調査を行い、総合的に評価する。加えて、児童養護施設等では、利用者調査の実施が義務づけられており、入所児童の評価も踏まえて、施設運営の課題を把握することが求められている。

4．被措置等児童虐待防止

　近年、施設内での子ども間、子どもと職員間での暴力や施設内虐待の問題が顕在化している。厚生労働省によると、2009年度から2011年度までの3年間で都道府県に届出または通告がなされたのは583件であった。社会的養護における虐待は昨今に始まったものではなく、近年では千葉県の児童養護施設での事件などが記憶に新しい。この問題にようやく法のメスが入り、2009年4月の改正児童福祉法により、被措置児童等虐待の防止等が法制化された。施設長や施設職員、一時保護所の職員や里親等が行う暴行や不適切な養育が明確に防止規定され、それを発見した者の都道府県への通告義務、虐待を受けた子どもによる都道府県や都道府県児童福祉審議会への届出等の対策が講じられている。また、各都道府県では「被措置等児童虐待防止ガイドライン」や「権利擁護指針」の作成と運用が義務づけられ、社会的養護システムの整備やその質の向上を図ることが求められている。

　近年、子ども間の暴力や性行為、いじめも増加傾向にあり、その背景には子どもの被虐待経験が影響しているケースも少なくないという。このような子ども間の暴力等を放置することも、「養育義務を著しく怠ること」として、児童福祉法第33条の10第3号に規定されており、その防止だけでなく早期発見・対応が課題となっている。

施設内での虐待や子ども間の暴力を防止していくためには、処遇論のみで考えるのではなく、職員研修や職員への支援体制を図ること、子どもと職員双方の安心・安全と自由が確保される施設づくりとそれを支える外部機関との連携、ケア単位の小規模化や施設運営の民主化等と併せて議論されなければならない。さらに、権利擁護を基盤とした施設運営のあり方については、子どもの最善の利益を保障するという児童福祉の基本的観点から、あらためて児童福祉法、児童福祉施設の設備及び運営に関する基準、財政措置のあり方などの見直しを図ることが課題であると言える。

【引用・参考文献】

相澤仁・松原康雄編『子どもの権利擁護と里親家庭・施設づくり』（やさしくわかる社会的養護シリーズ2）明石書店、2013年

厚生労働省「平成23年度被措置児童等虐待届出等制度の実施状況」2012年

厚生労働省「社会的養護関係施設における第三者評価及び自己評価の実施について」2012年

厚生労働省「児童養護施設等に対する児童の権利擁護に関する指導の徹底について」1999年

子どもの権利を守る国連NGO・DCI日本支部編『子ども期の回復――子どもの"ことば"をうばわない関係を求めて』花伝社、1999年

子どもの村福岡編『国連子どもの代替的養育に関するガイドライン――SOS子どもの村と福岡の取り組み』福村出版、2011年

J・コルチャック著、S・ジョウゼフ編著（津崎哲雄訳）『コルチャック先生のいのちの言葉』明石書店、2001年

長谷川眞人編著『全国の児童相談所＋児童養護施設で利用される子どもの権利ノート――子どもの権利擁護の現状と課題』三学出版、2005年

第3章

社会的養護の歴史的変遷

和田上貴昭

第1節 イギリスの社会的養護の歴史

1. イギリスにおける要保護児童への対応

　子どもは社会の中で最も弱い立場にあり、大人の保護なしには生きていくことができない。しかし、弱い立場の子どもが保護の対象として社会的なシステムの中で守られるようになったのは、それほど昔のことではない。

　本節ではイギリスの歴史を中心に概観しながら社会的養護のシステムがどのように構築されていったのかを検討していくことにする。

> 　そこで彼らは規則をつくった。つまり、あらゆる貧民は、救貧院にはいって、すこしずつ餓死させられるか、それとも救貧院にはいらないで、たちまち餓死させられるか、どちらか一つを選ぶ自由を与えたのだ。(中略)
> 　オリバーが救貧院に移されてから、最初の6ヶ月間、この制度はあますことなく実行された。これは葬儀屋の勘定が増し、1、2週間もかゆを食わせると、収容者の体が衰え、小さくなって、着物がだぶだぶになるので、それを縮めさせねばならず、最初のうち、費用がいくらか高くついた。しかし、収容者の貫目が減るとともに、頭数が減ったのだから、委員会では大喜びだったのである。　　　　　　　　　　［ディケンズ、1955、pp.23-25］

　これは、イギリスの作家ディケンズ（Charles J. H. Dickens, 1812〜1870）による小説『オリバー・ツイスト』（1838年刊）の一場面である。救貧院で生活する孤児オリバーが、産業革命後のイギリスにおける貧困状況に陥っている人たちの中で、苦難に立ち向かいながら生きていく姿が描かれている。救貧院とは、経済的に困窮した人が収容される場であり、1834年に改正された新救護法の取り組みを行ううえで重要な役割を果たしている施設である。老齢者や障害者、病人などとともに子どもが収容されていた。当時、貧困は飲酒や怠惰、浪費などの個人的要因と

認識されていたため、新救貧法では、劣等処遇の原則（救済を受ける貧民の処遇は、自立して生活している労働者の最低水準よりも低くすべき）の考え方の下、経済的困窮者に対して最低限度の救済しか与えられていなかった。

　孤児や貧児らに対しては、里親または救貧院での生活、住み込みでの就労、そしてオーストラリアやカナダなどイギリスの連邦国に労働力として送られるなどの対応がとられていた。里親といっても養育費目当ての者もあり、里子に対する虐待行為も多く報告されている。この時代、要保護児童は過酷な生活を強いられ、自身で生きていくしか方法が与えられていなかった。『オリバー・ツイスト』においても、過酷な環境の中、要保護児童たちが生きていく様子が描かれている。

　産業革命による孤児・貧児の創出は、その後、民間慈善事業家による多くの慈善活動に結びつき、児童の保護を目的とした民間活動が盛んに行われていく。1878年には、ロンドンだけで50の児童施設が存在していた。その多くは大規模収容施設で、そこでの劣悪な生活環境は、眼病や皮膚病の多さ、体格の小ささ、学業や道徳観の低さなど、子どもたちの発達・発育にネガティブな影響を与えていた。

　こうした状況の中、バーナード（Thomas John Barnardo, 1845～1905）の功績はよく知られている。彼は「環境が全てを決定する」との考えに基づき養護実践を行った。1870年に最初の児童施設を設立し、1876年には13のコテージ（小舎）から成るヴィレッジ・ホームを設立した。さらに1886年には、親が養育できない乳幼児をホームの責任で里親委託し、12～13歳になったときにホームに戻して、自立のための職業訓練などを行う試みを始めた。この試みは日本にも影響を与え、岡山孤児院等において実践されている（第2節参照）。バーナードの取り組み以降、小舎制ホームはイギリス各地に拡大していくこととなり、子どもたちの個別性への配慮に関心が向かうようになった。

　里親委託については19世紀末から普及が見られた。施設と比較して経

済的である点や、家庭体験の提供、発達・発育への個別的対応がその利点とされた。産業革命以降、子どもは保護の対象であるとの認識が徐々に広まり、さらに社会の中における子どもの特質性が尊重されるようになっていくのである。

2．要保護児童対策の変容

1945年に起きた里親による里子への虐待死亡事件（デニス・オニール事件）は、その後のイギリスの要保護児童対策に大きな影響を与えることとなった。この事件に対して公的調査等が行われ、イギリスの児童保護行政の混乱や欠陥、職員の専門性の脆弱さなどの問題点が明確になった。1948年児童法では、保護を要する子ども等を行政の責任で保護することとし、地方自治体は児童部を新設し、担当職員を配置した。ただし、できるだけ家族から児童を分離しないことを原則とし、分離する場合には里親委託または小規模施設における養護とすることが望ましいとの考え方を示した。

この時期、こうした里親委託や小規模施設化に影響を与えたのがボウルビィ（John Bowlby, 1907～1990）による愛着理論である。乳幼児は特定の大人（主に母親）との情緒的なきずなの形成によって情緒的な安定を得て、それがその子どもの人格形成にまで影響を与えるというものである。当初ボウルビィは、愛着形成の対象を母親としていたことから、施設での職員による養育は否定されることとなる。これは後に、エインスワース（Mary D. S. Ainsworth, 1913～1999）やラター（Michael Rutter, 1933～）によって、必ずしも母親だけが対象となるのではなく、幼児期における単数または複数の大人との間で形成される安定的で安全かつ親密な関係が重要であることが指摘され、ボウルビィも持論を修正するに至っている。しかしながら、愛着理論は社会的養護における里親委託や養子縁組の優位性を主張する根拠として用いられていく。

1975年児童法では、それまでの血縁のつながりを優先させる方針から、

児童の安全を優先することが子どもにとって有益とされた。家庭復帰の可能性がない児童に対しては、永続的な代替家族の提供が行われた。

1980年児童ケア法では、児童の福祉の予防的側面と保護的側面を統合し、児童をケアすると同時に、家庭支援による家庭復帰の取り組みが優先された。1989年児童法では、社会的共同子育ての立場をとることとなる。これは、児童の最善の利益の尊重という立場から、親と地方自治体とのパートナーシップを規定するものである。そのために、親の権利に代わり、親の責務という概念を明確にした。また、児童福祉に関する地方自治体の責任を明確化し、18歳までの親による監護・養育の責任、児童・親の関係機関との連携、児童の権利の擁護が規定された。

保護を要する児童への取り組みは、その親と子ども、行政がどのような関係性を持つかにより決定される。それは時代状況などにより左右され、その度に優先順位は変わってきた。現在は、生物学上の親の元で生活することが優先されるが、それが困難である場合には、適切に養育できる家庭がその代わりを担うこととなることが適切であると考えられている。

1989年に国連で採択された児童の権利に関する条約では、親からの分離禁止（第9条）が示され、代替的養護（＝社会的養護）を子どもの権利として規定（第20条）している。さらに、2009年に国連で採択された代替的養護に関する指針では、「児童を家族の養護から離脱させることは最終手段とみなされるべきであり、可能であれば一時的な措置であるべきであり、できる限り短期間であるべきである（14）」と規定されている。さらに「幼い児童、特に3歳未満の児童の代替的養護は家庭を基本とした環境で提供されるべき（22）」「個別的な少人数での養護など、児童に役立つ養護の普及および条件を保障するための養護基準を策定すべき（23）」など、社会的養護で提供される養育環境は、家庭もしくは小規模の形態を保障すべきとの方向性が示されるようになった。

第2節　戦前日本の社会的養護

1．明治期の取り組み

　1868年の明治維新および明治期は、日本における大きな転機であった。政治体制、経済体制、社会のありようについて大きな変革が行われた。同時に貧困問題を中心として、さまざまな社会問題が表面化した時期である。貧困問題はすでに江戸時代中期から社会問題化しており、庶民の困窮した生活状況は、堕胎、間引き、人身売買などを引き起こしていた。明治期に入ってもその状況は変わらず、加えて、封建制解体や急激な産業化とともに、さらにその状況は悪化した。

　こうした状況に対して明治政府は、1869年の「堕胎禁止令」、1871年の棄児養育米給付方の公布（15歳〈後に13歳となる〉までの棄児を養育する者に対して年間米7斗を養育米として国費で支給する政策）を行い、児童の救済に当たった。その後、貧困者に対する救済施策である恤救規則が1874年に制定された。この法律は、貧困者救済の原則を、血縁・地縁関係などの相互扶助に置いており、「無告ノ窮民」（誰の助けも期待できない困窮者）に限り、やむをえず公費で救済するという制限的なものであった。児童に対しては、棄児養育米給付方に倣い、13歳以下の者に米（年7斗）の支給が行われた。

　国からの救済の期待できない中、孤児や貧児、障害児等への児童救済は民間の慈善事業によって活発に救済がなされた。特に貧児、棄児、孤児に対する救済を目的とした育児施設（孤児院）は、明治期前半を中心に多数、設置されている。1869年に日田養育館、1874年に岩永マキ（1849～1920）らによる浦上養育院、1887年に石井十次（1865～1914）による岡山孤児院、1890年に小橋勝之助（1863～1893）らによる博愛社、1893

年に瓜生岩(1829〜1897)らによる鳳鳴会育児会、1899年に北川波津(1858〜1938)による東京孤児院（後に東京育成園に改称）などが創設されている。

　中でも石井十次により設立された岡山孤児院は、その理念や養護実践、規模、運営において明治期を代表する慈善事業であった。石井は当初、医師を目指していたが、1人の貧児を預かったことをきっかけとして孤児を育てるようになり、これが孤児院開設につながる。キリスト教徒であった石井は、孤児救済を自身の使命として取り組む。養護実践においては先述のバーナードの取り組みを取り入れ、家庭舎制（小舎制）や里親委託の導入を行った。また、岡山孤児院十二則という養護理念を示している。この中には「非体罰主義」や「米洗主義」（子ども集団の中で切磋琢磨する）など現在の養護実践にも活用できる考え方が示されている。さらに「無制限収容主義」を掲げ、子どもたちを受け入れたため、最盛期には1200人の子どもの養育に当たることとなる。施設の運営費については、当時十分な国による補助がなかったため、音楽隊（子どもたちによる楽隊）や幻灯隊（映写機を用いた興業）が地方公演を行い、全国で寄付を募るなどの取り組みを行った。

　その他にも、感化事業や、障害児への支援等が始められている。感化事業は、非行行為を繰り返す児童に感化教育を行うために施設で保護するというものである。非行行為の社会的な要因やその背景に注目しており、感化教育によりそれが改善されると考えたものである。1884年に池上雪枝(1826〜1891)によって大阪市に最初の感化院、池上感化院が設立された。1885年には高瀬真卿(1853〜1924)が私立予備感化院（東京感化院）を設立した。明治期の代表的な感化院としては、1899年に留岡幸助(1864〜1934)が東京に設立した家庭学校がある。留岡幸助は、罪を犯した少年に温かい家庭と環境、さらに教育を与えることによって感化しようとする考え方を基本とした。これらの活動が契機になって1900年に感化法が成立し、感化院が規定された。感化院は、児童施設の中で最も早く法定化されたことになる。後に改正され、感化院の都道府県へ

の設置が義務づけられた。感化法制定の背景には、非行少年たちは教育により更正できるとの思想があるが、将来の犯罪者を減らしたいといった社会防衛的な要素が含まれている。

　障害のある子どもに対する施設としては、1878年創設の京都盲唖院、1880年創設の東京訓盲院がある。1897年に石井亮一（1867～1937）が設立した滝乃川学園は、日本における最初の知的障害児施設である。石井は、自身が運営していた孤児院（弧女学院）における知的障害児の養護実践から、知的障害児に対する専門的な教育・養育が必要であることを感じた。しかし当時の日本においては、障害児に対する専門的な教育や養育の取り組みは行われていなかったため渡米し、セガン（Édouard O. Séguin, 1812～1880）の生理学的教育法を学び、養護実践にその考え方を導入する。

　この時期に、現在の児童福祉施設の体系の基となる施設が、民間の慈善事業家によって設立された。

２．大正期から昭和初期の取り組み

　日露戦争、第一次世界大戦を経て、日本の資本主義は発展したが、一方で、1929年の世界大恐慌に始まる慢性的な不況の中で、国民生活の困窮は深刻化していった。第一次世界大戦後の慢性的な不況は、これまでの恤救規則が救貧制度として不十分であることを示すこととなった。そこで、新たな救貧立法である救護法が1929年に成立した（経済的な理由から３年後に施行）。救護法では、救護施設（生活に困窮した人々を収容保護する施設）への設備補助や救護費支給が行われた。救護施設には、養老院（高齢者の施設）や孤児院、障害児施設、母子寮（現在の母子生活支援施設）などが含まれる。このことにより児童保護施設の公的な役割が拡大した。

　その後、1933年には児童虐待防止法および感化法を改正した少年教護法が、1937年には母子保護法が成立している。感化院は、法改正により

少年教護院と名称を変えることとなる。母子保護法は、貧困による生活苦から母子心中を多発させていた母子家庭への対応であり、救護施設であった母子寮は、母子保護法の施設に変更される。こうして日本でも、社会の責任において子どもの貧困等の問題に取り組む施策が整えられることとなった。

第3節　戦後日本の社会的養護

1．終戦後の取り組み

　戦後、日本において早急に対応すべき政策の一つが、戦災孤児など戦争の犠牲になった要保護児童に対する児童保護政策であった。1948年の厚生省による全国孤児一斉調査では、12万3000人もの18歳未満の孤児がいると報告されている。

　児童福祉法は、そのような中、要保護児童の保護と児童の健全な育成を図るための対策として1947年12月に制定された。要保護児童の保護を担ったのは、児童福祉法に規定された主に養護施設（現在の児童養護施設）である。児童福祉法施行時、養護施設として認可を受けた施設は戦前からの孤児院が多かった。それに加え、子どもたちの将来を案じた人々らが新たに養護施設を設立したり、民間少年司法保護団体の一部の施設が養護施設に転換したりする例もあった。養育者のいない子どもの養育を担うことで家庭の養育機能を代替するのが養護施設の役割であった。次の年に制定された児童福祉施設最低基準は、養護実践を支える設備や職員などの規定を定めたもので、措置費の裏づけともなる性格を持つものであった。戦前、施設ごとに多様であった運営形態は、児童福祉法の理念が適切に運営に反映されるよう運営形態を変更する施設もあった。また当初、措置費の額が低かったものの、これにより施設運営は予算面に

おいて安定することとなった。

　制定されたばかりの児童福祉法には、乳児院、養護施設以外にも子どもの入所施設として、母子寮、精神薄弱児施設（「精神薄弱〈知的障害〉の児童」が利用対象）、療育施設（「身体の虚弱な児童」および「身体の機能の不自由な児童」が利用対象）、教護院（少年教護法の廃止に伴い児童福祉法に位置づけられ、少年教護院から名称変更）が規定されている。さらに1949年には、盲聾唖児施設が療育施設から分離し、1950年には同じく療育施設が虚弱児施設や肢体不自由児施設に分化する。戦後間もない時期に、現在の児童福祉施設の基となる施設が法制上規定されることとなった。ただし、障害のある子どもを対象とした施設は数が少なかったために、養護施設は障害がある子どもの入所も受け入れざるを得ない状況があった。

　終戦直後の大きな課題の一つであった戦災孤児の保護が一段落すると、養護実践に関する議論が活発に行われるようになる。ホスピタリズム論争と呼ばれるものである。ホスピタリズムは施設病とも訳されるもので、施設での生活により子どもの心身の発達が阻害されるというものである。ボウルビィの愛着理論などを根拠として、施設関係者や研究者により養護実践のあり方について議論が交わされることとなる。中でも「家庭的養護理論」の論者は、養育環境は家庭が最も良いと主張し、里親委託やグループホーム、小舎制の推進などを主張した。1952～1954年に行われた厚生省の調査においても、ホスピタリズムは「施設の収容期間が長すぎたために、施設本来の目標である社会復帰の適応能力」を失いゆがめられる事実は明らかとし、対策として、少人数制、保母の担当制、保育者の待遇改善、最低基準の引き上げ、里親制度等の推進などを提唱している。国も1956年の「養護施設運営要領」で、家庭的環境を子どもに与えることを第一義的に位置づけて施設養護の小舎制化を推奨するものの、児童福祉施設最低基準には手を付けず、施設の小規模化が推進されることはなかった。この他にも施設の専門性を尊重する立場をとる「積極的

養護理論」や子ども集団の力動を活用する「集団主義養護理論」などさまざまな養護実践の方法が示され、現在の児童養護実践にも大きな影響を与えることとなった。

　障害児福祉の領域においては、糸賀一雄（1914〜1968）の実践およびその思想を特質すべきものとして挙げることができる。糸賀は戦後の混乱期に、知的障害児を利用対象とした滋賀県立近江学園の設立に携わり施設長となる。その後、重症心身障害児施設の制度がない中、重度の障害のある子どもにはその子どもたちに適切な養護環境があることに気づき、1963年、重度の障害児を利用対象としたびわこ学園の設立を行っている。またその思想は『この子らを世の光に』にまとめられ、障害児の尊厳を守ることの重要性を説いている。

2. 高度経済成長期から現在

　1960年代から本格化するわが国の高度経済成長により、国民の生活水準は飛躍的に上昇した。好調な経済状況の下、さまざまな福祉施策が実施されていく。社会的養護においては、新たな児童福祉施設の創設などが行われている。1957年に精神薄弱児通園施設、1961年に情緒障害児短期治療施設、1967年に重症心身障害児施設が児童福祉法に規定された。

　これらの施設創設は、専門分化という側面と新たな福祉ニーズへの対応という側面がある。先述した糸賀一雄らの実践は、重症心身障害児施設の創設に大きな影響を与えている。またこの時期、都市化・核家族化の進行、地域社会の変容などを要因とする家族機能の脆弱化に伴い、子どもたちが抱える問題が表面化していくことになる。不登校（当時は登校拒否と表現された）や子どもから親への家庭内暴力などである。家庭だけで養育を行うことが難しくなったことから、社会的養護は子育て家庭における養育機能の補完という役割を担うこととなる。

　1973年は福祉元年として社会福祉の発展が期待されたが、その年のオイル・ショックにより経済が失速し、一転、福祉見直しとなった。この

時期までに拡充してきた社会福祉施策は、その後の経済の低成長による国の財政事情の悪化に伴い、システムの見直しを迫られることとなる。また、福祉サービスの質や利用者の権利擁護という視点が強く打ち出されていくこととなる。社会的養護の領域においては、子育て家庭の養育機能に関する問題に積極的に介入することとなっていく。

　1997年の児童福祉法改正では、社会的養護を担う児童福祉施設の役割に「自立を支援すること」という記述が加わり、単に措置期間中のみの生活保障をするだけではないことが法律上に規定された。また、施設名称や施設編成についても変更が行われた。養護施設は児童養護施設に、母子寮は母子生活支援施設に、教護院は児童自立支援施設に名称変更された。また虚弱児施設は廃止され、児童養護施設に種別変更されることとなった。

　2000年には児童虐待の防止等に関する法律が成立し、社会問題となっていた児童虐待への取り組みが積極的に行われていくこととなる。社会的養護を担う児童福祉施設では、虐待環境から保護され親子分離となった子どもたちの生活および治療の場としての役割を担うこととなる。障害児施設は、障害者福祉サービスの利用方式の変更に影響される形で、2000年の児童福祉法改正時に支援費制度が導入され、一部、利用契約制度への転換が図られた。このとき、母子生活支援施設においても利用契約方式が取り入れられた。権利保障については、福祉サービスの内容に関する情報の開示、苦情解決システムの導入、第三者評価などが義務づけられた。

　2004年の児童福祉法改正では、乳児院および児童養護施設の年齢要件の緩和およびアフターケアが施設の規定に加わった。さらに、里親の定義規定が設けられ、その役割が明確化された。2008年の児童福祉法改正では、里親制度の改正、小規模住居型児童養育事業（ファミリーホーム）の創設等が行われている。児童虐待問題の社会問題化を契機として、社会的養護における子どもの暮らし方が注目されるようになり、国は養護

実践における生活単位の小規模化を目指すこととなる。また、障害児施設については、障害者福祉施設の再編に伴い、2012年より大幅に改編されている。

親のいない子どもたちへの養育機能の代替として始まった社会的養護は、子育て家庭の養育機能の低下や不適切な養育状況などを受け、単なる代替ではなく、子育て家庭を補完・支援するなどその役割を広げていくこととなった。その際、そこで暮らす子どもたちへのサービスの質が問われるようになり、小規模化や権利擁護などの取り組みが強調されるようになってきている。社会的養護の役割は、子育て家庭の状況や子育て家庭と行政との関係に左右されるものである。時代における家族のあり方をどのように考え支えるかが、今後も課題となっていくと考えられる。

【引用・参考文献】

金子光一『社会福祉のあゆみ——社会福祉思想の軌跡』有斐閣、2005年

全国養護施設協議会編『養護施設30年』全国社会福祉協議会、1977年

田澤あけみ『20世紀児童福祉の展開——イギリス児童虐待防止の動向から探る』ドメス出版、2006年

千葉茂明編『新エッセンシャル　児童・家庭福祉論〔第2版〕』みらい、2013年

C・ディケンズ（中村能三訳）『オリバー・ツイスト〔上巻〕』新潮社、1955年

林邦雄・谷田貝公昭監、山﨑順子・和田上貴昭編著『社会福祉』（保育者養成シリーズ）一藝社、2013年

古川孝順『子どもの権利——イギリス・アメリカ・日本の福祉政策史から』有斐閣、1982年

第4章
社会的養護の制度と法体系

森合 真一

第1節 児童福祉に関する施策

1. 児童福祉の施策

わが国は、昭和初期より児童虐待防止法や矯正院法、年少労働者保護法規、母子保護法が制定され、保護が必要な児童（要保護児童）に対し最低限の支援をする児童保護が行われていた。第二次世界大戦直後も、街にあふれる戦災孤児や浮浪児、疎開学童、栄養失調児、非行少年などへの対策として、政府は戦災孤児等保護対策要綱を出し、その後、児童保護法要綱案を作成した。しかし、「全ての児童が最善の利益を受けられることを目指す、子どもの権利保障を含んだ児童福祉の理念を盛り込まなければ」という議論が国内で高まったことから、1947年に児童福祉法が制定され、以後、児童福祉の基礎となる法律として存在している。

児童福祉法は、「総則」「福祉の保障」「事業及び施設」「費用」など8章で構成されている。児童福祉法の理念は、当初、児童福祉法の前文として作成されていたもので、「第1章　総則」に示されている。

> 第1条　すべて国民は、児童が心身ともに健やかに生まれ、且つ、育成されるよう努めなければならない。
> 2　すべて児童は、ひとしくその生活を保障され、愛護されなければならない。
> 第2条　国及び地方公共団体は、児童の保護者とともに、児童を心身ともに健やかに育成する責任を負う。

第1条では、国民の義務と児童の権利について書かれている。第2条は、全ての児童は無差別平等な生活の保障と、愛護される権利を持つこと、児童の育成責任は、保護者とともに国と地方公共団体にあることが明記されている。

また、児童福祉法の対象は「児童」と「妊産婦」である。児童とは、満18歳に満たない者で、その中でも乳児は満1歳に満たない者、幼児は満1歳から小学校就学の始期に達するまでの者、少年は小学校就学の始期から満18歳に達するまでの者、妊産婦は妊娠中または出産後1年未満の女子と規定されている。

児童福祉に関わる機関は、市町村、児童福祉審議会、児童相談所、児童委員、福祉事務所、保健所などがある。さらに、児童福祉法第7条では児童福祉施設が定められており、児童福祉施設と認定されるための最低基準をまとめたものが児童福祉施設最低基準（現・児童福祉施設の設備及び運営に関する基準）である。これは、それぞれの児童福祉施設に関する設備基準、対象者、職員配置などについて規定しており、そのほかには、児童福祉法施行令、児童福祉法施行規則がある。

2. 社会的養護サービスとは

社会的養護を必要とする児童（いわゆる要保護児童）については、児童福祉法第6条の3において「保護者のない児童又は保護者に監護させることが不適当であると認められる児童」と定義されており、要保護児童を発見した場合には、児童福祉法第25条において児童相談所、市町村または都道府県の設置する福祉事務所に通告する義務が国民に課せられている。

このような、家庭で養育されることが困難な要保護児童に対して提供される養育を「社会的養護サービス」という。

社会的養護の内容や定義については、さまざまな考え方がある。まず、広義の社会的養護には、入所型の養護のほか、家庭における養育および養護を補完・支援する機能も含まれる。具体的には、保健所や児童家庭支援センターにおける相談援助のほか、一時的に親子分離を必要とする親子のためのショートステイやトワイライトステイなどが含まれる。また、狭義の社会的養護とは、家庭代替機能を果たす入所施設での養護や

里親家庭における養育などのことである。

第2節 障害児や児童虐待に関する施策

1．障害児に関する施策

　肢体不自由児、知的障害児、精神障害児、重症心身障害児、発達障害児、自閉症児およびその家庭に対して、療育の機会と生活の保障、自立支援を行っている。児童福祉法第4条第2項において「この法律で障害児とは、身体に障害のある児童、知的障害のある児童、精神に障害のある児童（発達障害者支援法第2条第2項に規定する発達障害児を含む。）又は治療方法が確立していない疾病その他の特殊の疾病であつて障害者の日常生活及び社会生活を総合的に支援するための法律第4条第1項の政令で定めるものによる障害の程度が同項の厚生労働大臣が定める程度である児童をいう」と定義されている。

（1）法体系
　障害者福祉は、身体障害者福祉法、知的障害者福祉法、精神障害者福祉法が制定され、援護が行われてきた。2004年には発達障害者支援法が制定され、外見から分かりにくいことから社会の理解を得ることが難しかったアスペルガー症候群、自閉症、広汎性発達障害、学習障害（LD）、注意欠陥多動性障害（AD/HD）についても規定された。
　しかし、障害者は地域の中で周囲に溶け込んで生活することが難しいく、地域において障害者が自分らしく自立した生活ができるように支援をしていくことが求められてきた。そのため、障害者が地域において自分らしい生活スタイルを選び、自由にサービスを選択・利用することができる地域生活支援が目指され、ノーマライゼーションの理念を含んだ

支援費制度が2003年に制定された。そして2005年には「障害者自立支援法」が成立している。この法律は、障害者の就労と地域生活を進めて自立を支援する観点から、これまで障害種別ごとに異なる法律に基づいて提供されてきた障害児（者）の福祉サービス、公費負担医療などについて、共通の制度下で一元的に提供するしくみを創設しようとするものである。また、2010年には改正が行われ、今まで障害者自立支援法により行われていた児童デイサービスは児童福祉法へ移行した。児童福祉施設である障害種別ごとの障害児施設が、福祉型障害児入所施設、医療型障害児入所施設と福祉型児童発達支援センター、医療型児童発達支援センターにそれぞれ一元化され、そこで入所支援と通所支援を行うことになった。

　2012年6月には障害者自立支援法が改正され、法の名称が「障害者の日常生活及び社会生活を総合的に支援するための法律（いわゆる障害者総合支援法）」に改められた。この法改正は、一部を除き2013年4月1日から施行された。目的規定において「自立」の代わりに新しく「基本的人権を享有する個人としての尊厳」が明記されるとともに、障害者基本法の理念を踏まえ、「全ての障害者及び障害児が可能な限りその身近な場所において必要な日常生活又は社会生活を営むための支援を受けられることにより社会参加の機会が確保されること」「どこで誰と生活するかについての選択の機会が確保され、地域社会において他の人と共生することを妨げられないこと」「障害者及び障害児にとって日常生活又は社会生活を営む上で障壁となるような社会における事物、制度、慣行、観念その他一切のものの除去に資すること」が新たに基本理念として掲げられた。また、児童福祉法が改正され、障害児の定義に「難病である児童」が追加された。

(2) サービス内容
①手帳
　身体障害児に対しては、都道府県知事か指定都市市長の下で身体障害

者手帳が交付される。手帳はサービスを受けるときに必要であり、手当や減税措置、公共料金の減免などのサービスが受けられる。また、知的障害児には療育手帳が交付される。児童相談所などの判定機関で判定を受けた結果を基に、都道府県知事か指定都市市長の下で発行される。

②入所施設・通所施設

障害児施設については、これまで障害種別に分かれていたが、2012年4月から、入所による支援を行う施設は「障害児入所施設」に、通所による支援を行う施設は「児童発達支援センター」に、それぞれ一元化された。

③経済的支援

「特別児童扶養手当等の支給に関する法律」により、精神・身体に障害のある20歳未満の子どもを養育している親などに手当が支給されている。この法律は、20歳未満の障害児（1級障害、2級障害）の養育者に支払われる特別児童扶養手当、常時介護を必要とする20歳未満の在宅の重度障害児に支払われる障害児福祉手当、常時介護を必要とする20歳以上の在宅の重度障害者に支払われる特別障害者手当に分かれており、これらの者の福祉の増進を図ることを目的としている。

2．児童虐待防止についての施策

(1) 法体系

高度経済成長が終わり、育児不安の高まりや育児ノイローゼに悩む親が増えてきた。それに伴い、社会では悲惨な児童虐待の事件が表出するようになり、1990年代あたりから増加していく。関係者からは、児童虐待を防止し児童を保護するためには児童福祉法だけでは適切に対処することができないとの声が上がり、2000年に「児童虐待の防止等に関する法律（いわゆる児童虐待防止法）」が制定された。

児童虐待防止法は、児童の権利を侵害する児童に対する虐待の禁止、国と地方公共団体の責任、児童の権利保護を目的として定められている。

「児童虐待」とは、保護者が監護している児童に、身体的虐待、性的虐待、ネグレクト、心理的虐待を行うことである、と虐待を4種類に定義されており、2004年の児童虐待防止法改正において、心理的虐待については、児童が同居する家庭における配偶者（内縁関係含む）に対する暴力も子どもに心理的外傷を与えるとして、心理的虐待に該当すると定められた。つまり、虐待者の行為によって子どもが有害な影響を受けていれば、それは「虐待」ということである。

さらに、政府は、11月を児童虐待防止推進月間とし、オレンジリボンキャンペーンを推進し、関係団体や国民に啓発の意味をこめ広報活動を展開している。

(2) 支援の内容

児童が健全な生活を送るために、児童虐待の発生予防、早期発見・早期対応、虐待を受けた子どもへの保護と自立支援、切れ目ない援助を目指した体制が整えられている。

①発生予防

児童虐待への対応は、先駆的な民間団体により電話相談を中心に行われてきた。1990年に大阪に児童虐待防止協会が、翌年には東京に児童虐待防止センターが設立され、現在も活躍している。また、虐待発生予防として、2007年より乳児家庭全戸訪問事業（こんにちは赤ちゃん事業）が開始された。以前より行われている保健センターにおける健診では、気になる家庭には保健師などが訪問指導していたが、この事業により生後4カ月の乳児を育てている全ての家庭を、母子保健推進員、助産師、社会福祉士、児童委員などが訪問し、子育てに関する情報提供や相談に応じることにしており、特別に支援が必要な家庭には、養育支援訪問事業につなげている。

このように、全ての子育て家庭を対象としていることから、親が抱える孤立感や子育てのイライラ、悩みが少しは解消され、育児不安で悩ん

でいる親と支援者がつながることができる。また、虐待を防ぐ効果も期待できる。

②早期発見・早期対応

児童福祉法第25条、児童虐待防止法第6条には、虐待された児童を発見した者は、市町村、都道府県の設置する福祉事務所、もしくは児童相談所に通告しなければならないと示されている。ふだん子育て家庭に接している身近な人たちが異変に気づいた時点で関係者や関係機関と連携し、多くの視点から事実を確認し、必要があれば介入していくことが重要である。

そこで2004年の児童福祉法改正により、要保護児童対策地域協議会が創設された。地域の児童福祉関係者、保健医療関係者、教育関係者、警察・司法関係者、人権擁護関係者、NPOなどの関係者が集まり、ネットワークを構築しながら気になる子育て家庭について、情報を共有し、地域において要保護児童を見守っている。

③自立支援

児童家庭支援センターや施設の家庭支援専門相談員（ファミリーソーシャルワーカー）が、再び児童が親と暮らせるように調整する（家族再統合）。その際、養育環境を整えていくために親への支援が求められる。また、退所後も地域社会で自立した生活が送れるよう関係機関に連絡し、見守り体制を構築していく必要もある。

第3節 ひとり親家庭やDVに関する施策

1. ひとり親家庭についての施策

配偶者との死別や離婚のため、親が一人で20歳未満の子どもを養育している家庭を「ひとり親家庭」と呼んでいる（この法律において、児童は

満20歳までと定義されている)。

近年、離婚数が急増している。厚生労働省の2010年度全国母子世帯等調査（東日本大震災の影響により、岩手県、宮城県、福島県については調査を実施しておらず、これら3県を除いたもの）では、母子世帯数は123.8万世帯、父子世帯数は22.3万世帯であり、ひとり親世帯は年々増加している。

(1) 法体系

1964年に制定された「母子福祉法」が、1981年改正により「母子及び寡婦福祉法」へ変わった。この法律は、母子家庭等および寡婦の福祉に関する原理を明らかにし、その生活の安定と向上のために必要な措置を講じて、母子家庭等および寡婦の福祉を図ることを目指しており、母子自立支援員、母子福祉資金・寡婦福祉資金、母子家庭等居宅介護等事業、母子福祉施設（母子福祉センターと母子休養ホーム）などについて規定されている。

2003年より、一部の支援が父子家庭も対象とみなされることとなり、「母子家庭等」とは、母子家庭と父子家庭の両方を指している。

(2) 支援の内容

①住宅・自立支援

母子を共に入所させる児童福祉施設として母子生活支援施設があり、最近では家庭内暴力により入所してくる母子が増えている。この施設は、単なる住宅の提供にとどまらず、施設を退所した後に自立した生活を送れるようにハローワークや福祉事務所と調整しながら自立支援を行っている。また、低価格の母子アパートや公営住宅の優先的入居を実施している自治体もある。

母子福祉施設の一つである母子福祉センターでは、母子家庭に対して生活指導や相談に応じ、自立のための技能習得や資格取得のための講座

も開催している。また、自立支援教育訓練給付金、在宅就業支援事業、母子家庭等就業・自立支援センター事業、保育所優先入所など、自立へ向けた支援も行われている。

②経済的支援

1961年に制定された「児童扶養手当法」では、父母が離婚したり、障害のある父親の世話をしながら子どもを養育したりしている者に児童扶養手当が支給された。母子家庭のみに適用されていたが、2010年8月の法改正により父子家庭にも適用されるようになった。

また、離婚した後に決められた養育費をきちんと支払わない元夫が多く、母子家庭の生活が困窮していることが多いことから、養育費の支払いをスムーズにする養育費相談支援センターが2007年度に創設され、相談支援を行っている。

2．ドメスティックバイオレンスについての施策

配偶者や恋人から、家庭という密室の中で暴力をふるわれる、いわゆるドメスティックバイオレンス（以下、DV：家庭内暴力）が増えている。DVには、性的暴力、暴言、身体的暴力、ストーカー行為などが含まれるが、「配偶者からの暴力の防止及び被害者の保護に関する法律」において配偶者虐待とは、「身体に対する暴力又はこれに準ずる心身に有害な影響を及ぼす言動」と定義づけられている。性別については規定されていないが、実際には男性が女性に暴力をふるうケースが多い。

(1) 法体系

男女共同参画社会基本法に男女の人権の尊重が示されており、男女共同参画基本計画の中に女性に対するあらゆる暴力の根絶が書かれている。2001年に「配偶者からの暴力の防止及び被害者の保護に関する法律（配偶者虐待防止法）」が制定された。この法律は、配偶者からの暴力に係る

通報、相談、保護、自立支援などの体制を整備し、DVを防止することを目的にしている。

(2) 支援の内容

被害者の身の安全の確保と心のケア、生活支援などが行われている。加害者は家庭から逃げてきた被害者を探し出し、連れ去ったうえに暴力をふるう傾向がある。そのため、連絡先を伏せ、被害者をかくまい、安全に保護しておく必要がある。

DV被害者の緊急避難先として、母子生活支援施設や民間団体のシェルターがある。被害者はそのような施設に身を隠し生活をしながら、自立支援に向けたサポートを受けている。もちろん、DV被害者の安全確保を理由に民間団体のシェルターの場所は明らかにされていない。また、婦人相談所、福祉事務所などに配偶者暴力相談支援センターを設置し、カウンセリングや緊急時の一時保護、自立援助などに応じている。

第4節 社会的養護に関わる機関・制度など

1. 児童相談所

児童相談所は、児童福祉法に基づく行政機関であり、都道府県と指定都市に設置義務があり、中核市は任意設置である。18歳未満の児童に関する相談に応じ、その児童が抱えている問題を捉え、その家庭の状況に応じた援助を行う。総務部門、相談・判定・指導・措置部門、一時保護部門の3部門で構成されており、職員は、所長、児童福祉司（社会福祉士などのケースワーカー）、児童心理司、医師、児童指導員、保育士が配置されている（児童相談所については第8章参照）。

2．里親制度

　児童福祉法の規定では、里親とは「養育里親及び厚生労働省令で定める人数以下の要保護児童を養育することを希望する者であって、養子縁組によって養親となることを希望する者その他のこれに類するものとして厚生労働省令で定める者のうち、都道府県知事が第27条第1項第3号の規定により児童を委託する者として適当と認める者」をいう。国は、里親を認定する権限を都道府県知事に与えており、都道府県知事が児童を里親に委託する権限を児童相談所に与えることで、里親業務は主に児童相談所が担っている。

　里親の種類は大きく3つに分かれている（**図表1**）。

　①養子縁組を前提とせず、一定期間子どもを養育する「養育里親」

　養育里親は「養育里親」と「専門里親」に区分されており、専門里親が養育する対象は、専門的ケアを必要とする被虐待児、非行等の問題を有する児童、障害のある児童となっている。

　②養子縁組を前提として児童を養育する「養子縁組里親」

　③児童の保護者の死亡・行方不明・拘禁などにより養育ができない場合、三親等内の親族（祖父母、叔父叔母など）が養育する「親族里親」

　里親委託児童数は3836人（「福祉行政報告例」2010年度3月末現在）であり、その内訳は、養育里親3028人、専門里親140人、養子縁組を希望する里親159人、親族里親509人であった。家庭的養護を推進するため、

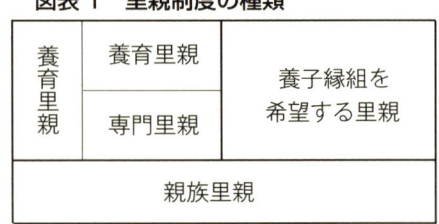

図表1　里親制度の種類

養育里親	養育里親	養子縁組を希望する里親
	専門里親	
親族里親		

出典：厚生労働省「里親制度等について」を基に作成

「子ども・子育てビジョン」(少子化社会対策基本法：2003年法律第133号、第7条の規定に基づく「大綱」として定めるもの)では、2014年度までにファミリーホームを含めた里親等委託率を16％に引き上げる目標を挙げている (2010年度の委託率は10.8％)。また、さまざまな背景を持った児童を養育する里親の養育能力を高めるため、里親に対する研修や、里親を支えるしくみも整備されつつある。

児童の成長および福祉にとって、家族を基本とした家庭は自然な環境である。社会的養護が必要な児童を里親に委託することで愛着や信頼感を形成するなど、多くの効果が期待できることから、社会的養護では里親制度を優先して検討するべきである。

3．小規模住居型児童養育事業(ファミリーホーム)

養育者の住居において児童を5～6人程度受け入れ、2人の養育者および1人以上の補助者で養育する形を「ファミリーホーム」という。

2009年に児童福祉法第6条に規定され、「小規模住居型児童養育事業」として制度化され、社会福祉法の第二種社会福祉事業に定められた。その内容は、「厚生労働省令で定めるところにより、保護者のない児童又は保護者に監護させることが不適当であると認められる児童の養育に関し相当の経験を有する者その他の厚生労働省令で定める者(次条第1項に規定する里親を除く)の住居において養育を行う事業」とされている。このファミリーホームは、従来の里親と類似した養育環境を提供しているが、2011年3月現在、全国に113カ所ある。

4．児童自立生活援助事業(自立援助ホーム)

児童自立生活援助事業(自立援助ホーム)は、義務教育を終了した20歳未満の児童で児童養護施設や児童自立支援施設などを退所した者、または、その他の都道府県知事が必要と認めた者に対して共同生活を営む住居(自立援助ホーム)において、相談その他の日常生活上の援助、生活指

導、就業の支援などを行っている。これは、社会的養護を利用した児童の自立支援、アフターケアを図るために整備されたもので、第二種社会福祉事業に位置づけられている。

児童養護施設などを退所した児童の中には、中学校卒業後、または高等学校卒業後に就労したものの、その後の生活を営むには非常に困難な状況を抱えている者がおり、退所後支援の必要性が高まっていた。頼るべき保護者などの不在から、非行や犯罪に巻き込まれるケースもあり、自立援助ホームは、彼らの自立を支える大きな柱となっている。この自立援助ホームは2011年10月現在、全国に82カ所あり、「子ども・子育てビジョン」においては、2014年度までに160カ所を整備する目標が立てられている。

5．地域小規模児童養護施設（グループホーム）

児童を家庭的な養育環境の中で育成することが、将来、家族モデルを構築しやすいとして整備されてきたのが、地域小規模児童養護施設（グループホーム）である。このグループホームは、本体施設の支援の下、民間の住宅などを活用して家庭的な環境で6人（定員）の児童を職員3名で養育、近隣住民との関係を保持し、家庭的な環境の中で児童の発達を促し、社会的自立が可能になるように援助している。

全国に190カ所（2009年度現在）あり、「子ども・子育てビジョン」においては、2014年度までに300カ所を整備する目標が立てられている。

【参考文献】

櫻井奈津子『子どもと社会の未来を拓く社会的養護の原理』青鞜社、2012年

社会福祉士養成講座編集委員会編『児童や家庭に対する支援と児童・家庭福祉制度〔第4版〕』中央法規出版、2013年

第5章 社会的養護の実施体制

山田　亮一

第1節 戦後の児童福祉事業の形成

　第二次世界大戦後、焦土と化した日本において、敗戦による混乱、極度の生活貧困で多くの国民はあえいでいた。戦争による最大の犠牲者は子どもたちであった。戦後に見られる児童問題は、戦災孤児、疎開児童、浮浪児の問題であり、その子どもたちは近い将来の日本を担う子どもたちであり、新しい民主国家日本を創造するためにも緊急に対応すべき課題となった。児童の保護は、1945年の戦災孤児等保護対策要綱に始まり、翌年には中央社会事業委員会において「児童保護事業の強化徹底策」についての諮問と同時に、児童保護法要綱案を提出することとなった。ここにおいて、委員会は児童保護を国家責任とすること、および保護対象を全児童まで拡大することを厚生大臣に答申した。政府はこの答申を受け幾度かの改正を踏まえ、1947年の第1回国会に児童福祉法案として提出・可決され、同年12月には児童福祉法として公布された。

　児童福祉法は次世代の社会の担い手である児童一般の健全な育成および福祉の増進を基本精神とするものであり、子どもの福祉についての総合的な法律として成立した。さらに、従来の児童保護政策であれば、子どもの保護は各々の家族の責任とされるものであるが、家族も戦争の中で瀕死の状態であり、家族に代わって国家が公的責任を負うこととなったのである（同法第2条には、「国及び地方公共団体は、児童の保護者とともに、児童を心身ともに健やかに育成する義務を負う」とある）。

第2節 児童福祉法と実施体制の整備

　児童養護施策に関する国の姿勢が明確になるのは、児童福祉法制定以

降になる。

　児童福祉法は、旧来の少年救護法、旧生活保護法、戦前の児童虐待防止の法律を基礎として制定された法律であった。児童養護施設は児童福祉施設と相談事業が中心であり、児童福祉法制定当時の児童福祉施設としては、助産施設、乳児院、母子寮、保育所、児童厚生施設、養護施設、精神薄弱児施設、療育施設、教護院の9施設であった。

　戦後復興期、高度経済成長期を経て、日本の社会や人々の生活様式はめざましい発展を遂げ、精神的・文化的な豊かさやゆとり、生きがいといった生活の質を重視した成熟社会へと発展していく。児童福祉政策も、時代のニーズに対応しつつ活動領域を拡大していった。昭和20年代の要保護児童・非行児童の保護活動をはじめとして、30年代においては障害児や母子家庭などへ、40年代には急速な都市化・工業化の進展に伴う社会病理に対応するための児童の健全育成活動や母子保健活動が展開された。50年代以降においては、物質的な豊かさの陰で、精神的ストレスや進学競争などから非行・家庭内暴力、いじめなどの問題が顕在化してきた。さらに、出生率の低下に伴う少子化の進行、子どもや家庭を取り巻く環境の変化などに対して、新たな児童福祉展開が模索されている。

　このような状況を背景として、児童家庭福祉の施策体系は1947年公布の児童福祉法を基本として、子どもの尊厳を守り、健全な育成、子どもの資質の向上を図ることを理念として、ライフステージに対応した多様な施策から成っている。これらの施策は、国や地方自治体に限らず、国民各々、家庭や地域社会の役割にも多く期待されており、相互に連携をとり、推進することが要請されている。

第3節 児童家庭福祉の実施体系

1．児童福祉法の概要

児童家庭福祉の実施体系は、児童福祉法において次のように記されている。

①対象（第4条）

児童とは満18歳に満たない者のことをいい、児童を次のように区分している。

乳児　満1歳に満たない者

幼児　満1歳から、小学校就学の始期に達するまでの者

少年　小学校就学の始期から、満18歳に達するまでの者

②実施機関（第8条～第19条）

国、児童福祉審議会等＊、市町村、都道府県、児童相談所、児童福祉司、児童委員、保健所

> ＊児童福祉審議会等とは、都道府県児童・妊産婦及び知的障害者の福祉に関する事項を調査審議する期間であり、市町村においても前述の事項の調査審議をするため、審議会や合議制の機関を置く。

③福祉の保障（第19条～第21条）

療育の指導等、居宅生活の支援

④児童福祉施設の設置（第35条～第44条）

国、都道府県、市町村は政令に基づき児童福祉施設を設置する。

助産施設、乳児院、母子生活支援施設、保育所、児童厚生施設、児童養護施設、児童自立支援施設及び児童家庭支援センター

⑤費用と負担（第49条の2～第51条）

児童福祉行政の遂行に必要な費用は、国と都道府県・市町村で負担す

ることを原則としている。

⑥大都市の特例（第59条の4）

政令指定都市および中核都市は政令により、都道府県の児童福祉事務等を処理することになっている。

2．児童家庭福祉の提供

児童家庭福祉の目的を実現するために、さまざまなサービスが実施さ

図表1　年齢別の児童家庭福祉施策

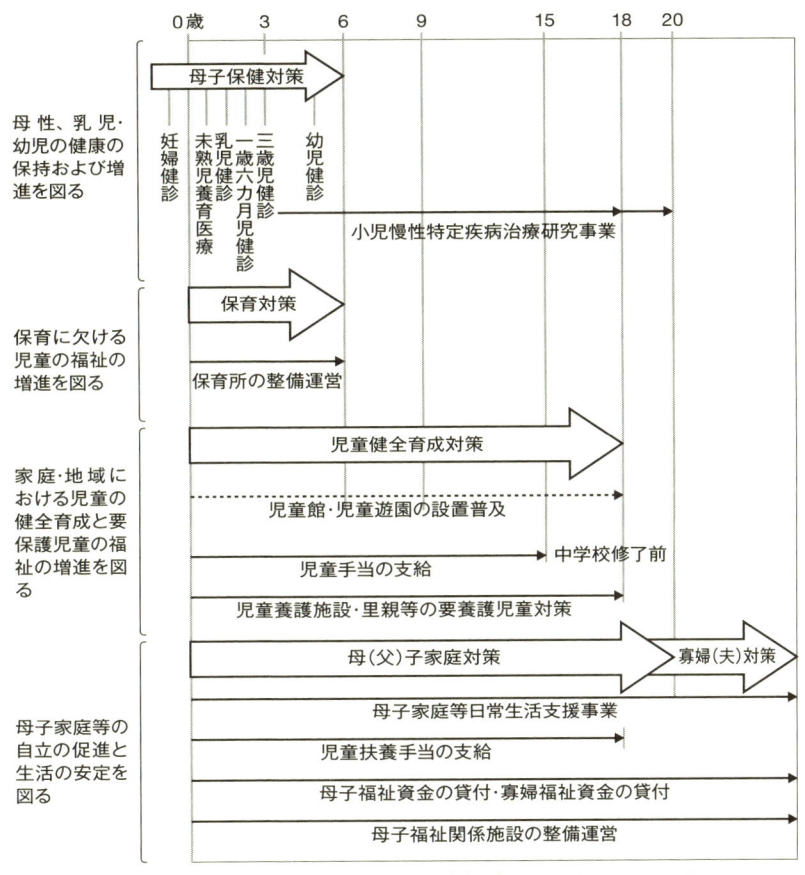

対象	施策
母性、乳児・幼児の健康の保持および増進を図る	母子保健対策（0〜6歳） 妊婦健診／未熟児養育医療／乳児健診／一歳六カ月児健診／三歳児健診／幼児健診 小児慢性特定疾病治療研究事業（〜18歳）
保育に欠ける児童の福祉の増進を図る	保育対策（0〜6歳） 保育所の整備運営
家庭・地域における児童の健全育成と要保護児童の福祉の増進を図る	児童健全育成対策 児童館・児童遊園の設置普及 児童手当の支給（中学校修了前） 児童養護施設・里親等の要養護児童対策
母子家庭等の自立の促進と生活の安定を図る	母（父）子家庭対策／寡婦（夫）対策 母子家庭等日常生活支援事業 児童扶養手当の支給 母子福祉資金の貸付・寡婦福祉資金の貸付 母子福祉関係施設の整備運営

出典：[厚生労働統計協会、2012] を基に作成

れている。例えば、サービスの分野あるいは対象によって、①母子の健康・保健の確保増進のための母子保健サービス、②家庭や地域の児童の健全育成を図るための健全育成サービス、③保育に欠ける児童や家庭のための保育サービス、④養護にかける児童や家庭のための児童養護サービスまたは要養護児童サービス、⑤非行を犯した、またその恐れのある児童のための非行児童サービス、⑥障害を抱えた児童のための障害児・者保健福祉サービス、⑦ひとり親家庭の福祉の向上を図るひとり親家庭福祉サービス等がある。

図表1は、年齢別に児童福祉サービスを類型化したものである。児童の年齢別に福祉サービスを見ると、①出生前のサービスとして妊婦健診、母子健康手帳制度、②出生直後の養育医療、新生児訪問指導、各種健診、③幼児期の保育所のサービス等がある。

第4節 行政機構等と児童家庭福祉の提供

1. 児童家庭福祉と行政機関

児童家庭福祉は、児童福祉法をはじめとして、関連する各種法律・政令・省令・通達等に基づいて実施される。児童家庭福祉を担当する中央行政機関は厚生労働省であり、その中の雇用均等・児童家庭局で、児童家庭福祉に関する総合的企画立案、予算配分および地方行政の支援等を行っている。

これに基づいて地方行政機関である都道府県（政令指定都市等）、および市町村が児童家庭福祉に関する各種サービスを実施することになる。都道府県は、児童家庭福祉に関する企画および児童福祉と関連する児童相談所、福祉事務所、保健所等の設置・運営、さらに児童福祉施設の設置や認可、児童福祉施設（保育所を除く）への入所決定、さらに市町村へ

図表2　児童家庭福祉行政のしくみ

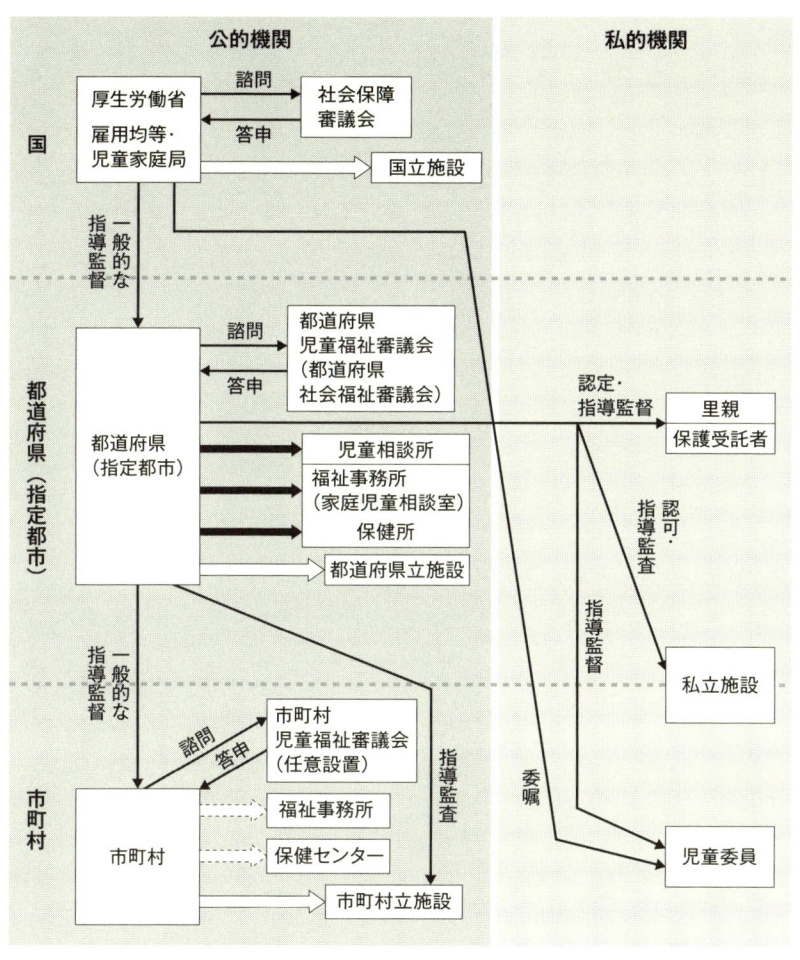

	公的機関	私的機関

国
- 厚生労働省 雇用均等・児童家庭局
  - 諮問 → 社会保障審議会
  - ← 答申
  - → 国立施設
  - 一般的な指導監督 ↓

都道府県（指定都市）
- 都道府県（指定都市）
  - 諮問 → 都道府県児童福祉審議会（都道府県社会福祉審議会）
  - ← 答申
  - → 児童相談所
  - → 福祉事務所（家庭児童相談室）
  - → 保健所
  - ⇒ 都道府県立施設
  - 認定・指導監督 → 里親・保護受託者
  - 認可・指導監査 → 私立施設
  - 委嘱 → 児童委員
  - 一般的な指導監督 ↓

市町村
- 市町村
  - 諮問 → 市町村児童福祉審議会（任意設置）
  - ← 答申
  - ⇢ 福祉事務所
  - ⇢ 保健センター
  - ⇒ 市町村立施設
  - 指導監査 ↑

（注）➡ 印は、下部の行政機関を示す
　　　⇨ 印は、下部の付属機関を示す
　　　⇢ 印は、全部の市町村には設置しない下部の行政機関を示す

出典：[新版・社会福祉学習双書編集委員会、2001]を基に一部改変

の児童福祉に関する支援等を実施する。政令指定都市も、都道府県と同様な各種業務を行っている。

市町村は保育所の運営等の保育業務、児童館や放課後児童クラブ等の子ども育成業務、健康診断等の母子保健業務を行っている。地方分権化に伴い地域に密着する福祉関連の業務は、例えば、高齢者介護、障害者福祉などが地方自治体（市町村）に移行しているように、児童家庭福祉においても同様に市町村の役割が拡大している。**図表2**は、児童家庭福祉に関する業務を行政単位別に示したものである。

2．国の業務

家庭福祉行政は厚生労働省の雇用均等・児童家庭局を中心に営まれている。児童福祉法等に示されている福祉サービスを実施するために保育課、母子保健課、少子化対策企画室、虐待防止企画室などいくつかの課や室を設けて業務環境の整備に当たっている。また、厚生労働省に設置されている諮問機関として社会保障審議会がある。社会保障審議会は医療分科会、介護給付費分科会、年金資金運用分科会等の分科会があるが、児童福祉については福祉文化分科会が担当している。審議会や分科会には部会の設置ができ、児童福祉については児童部会が設置されている。時代のニーズに対応した児童福祉改革、新システムの導入等が答申されている。

3．都道府県の業務

児童福祉法では都道府県の業務を第11条、および都道府県の取るべき措置を第27条第1項に示している。

児童福祉法第11条では①市町村の業務実施に関し、市町村相互間の連絡調整、市町村への情報の提供、市町村職員への研修や必要な援助を行うこと、②児童および妊産婦の福祉に関する業務（a市町村の区域を超えた広範囲な見地からの実情把握、b専門的知識や技術の提供、c必要な調査

や専門的な技術を伴う判定、d子どもや保護者への指導、e一時保護等）を行うことを定めている。

児童福祉法第27条では、児童相談所関連の業務に関する都道府県の業務について記している。ただし、大都市特例の規定に従い、児童相談所の設置が認められる政令指定都市や中核都市においても、都道府県と同等の業務を行う。

都道府県には児童家庭福祉の実施機関として、児童相談所・福祉事務所・保健所がある。

(1) 児童相談所

①子どもや保護者への訓戒・制裁、②児童福祉司・知的障害者福祉司・社会福祉主事・児童委員・児童家庭支援センター職員等の指導・指導委託、③里親や児童福祉施設（乳児院・児童養護施設・障害児入所施設・情緒障害児短期治療施設・児童自立支援施設）への子どもの措置、④家庭裁判所への子どもの送致を行っている。

児童相談所は、総務部門と相談措置部門・判定部門・一時保護部門の3つの専門部門があり、各部門には児童福祉司、児童心理司・精神科医・保健師、保育士・児童指導員の専門職が配置されて対応している。政令指定都市等においても児童相談所を設置している。

(2) 福祉事務所（家庭児童相談室）

福祉事務所とは、社会福祉法では「福祉に関する事務所」と規定され、管轄する地域の住民の福祉を図る行政機関である。福祉六法（生活保護法、児童福祉法、母子及び寡婦福祉法、老人福祉法、身体障害者福祉法、知的障害者福祉法）に基づく業務を行っている。福祉事務所は、都道府県、政令指定都市には設置が義務づけられているが、町村でも任意で設置ができる。福祉事務所には現業員（ケースワーカー）、身体障害者福祉司、知的障害者福祉司等の職員が配置されている。

児童福祉との関連では、児童および妊産婦に対する福祉関連情報の把握、相談や指導、児童相談所への送致、助産施設や母子生活支援施設への入所措置等がある。家庭児童相談室の設置については任意であるが、地域住民の身近な子育ての援助を目指したもので、道府県福祉事務所および市町村福祉事務所に設置されている。

(3) 保健所（市町村保健センター）

保健所は、地域保健法により都道府県、政令指定都市、中核都市等に設置されている。保健所には、医師、薬剤師、保健師、衛生検査技師、管理栄養士、精神保健相談員などが配置され、公衆衛生に関する相談、医療、食品関係の衛生面での監視や指導、心身の健康増進に関する活動を行っている。児童福祉法との関連では、児童や妊産婦への保健指導と衛生知識の普及、未熟児に対する訪問指導や医療援助、身体に障害のある児童への療養や療育指導、児童福祉施設への指導がある。

市町村保健センターは、母子保健サービスの提供主体が保健所から市町村に移管されたことに伴い設置された。市町村保健センターは、地域住民の身近なところから保健サービスを提供する拠点となっている。

(4) 児童委員

大正時代、岡山県に設置された「済世顧問制度」や大阪府で始まった「方面委員制度」を基に、戦後、1948年に法制化されたものとして民生委員制度がある。民生委員は、担当地域での援護が必要な住民の把握、見守りや必要な支援、行政機関への協力を行うことで地域住民の福祉を増進する活動をしている。また、民生委員は児童委員を兼務できるものとしている。この兼務する民生委員を「民生委員・児童委員」と呼んでいる。

児童委員としての役割は、地域住民のうち児童および妊産婦をその主な対象として、生活やその状況の把握、保護や保健・福祉等に関するサー

ビスを適切に利用するための必要な情報の提供、その他援助や指導、さらに児童福祉司や福祉事務所の業務への協力、また児童が健やかに育つ環境の充実を図っている。

　民生委員・児童委員ともに地域の推薦、厚生労働大臣からの委嘱を受けた非常勤特別職地方公務員である。無報酬であるが、交通費や研修を受けるための活動費の支給を受けている。また、職務上知り得た情報について守秘義務を負うものとしている。

(5) 主任児童委員

　1994年1月以降、今までのように区域担当児童委員に加え、児童福祉を専門的に担当する主任児童委員制度が設けられた。主任児童委員は区域の児童委員とともに活動するが、児童福祉関係機関、教育機関、児童育成の諸団体との連絡調整役が期待されている。主任児童委員の活動として、児童健全育成活動の推進、子育て支援活動、個別の支援、さらに子育て支援ネットワークづくりの推進など、地域のリーダーとしての役割が期待されている。ここでも守秘義務を負うとしている。

(6) 児童家庭支援センター

　1998年の児童福祉法の改正に伴い、児童福祉施設に付置された相談援助事業を行う施設である。児童虐待や不登校、発達障害児等の相談のうち専門的な知識や技術を必要とするものに対し、必要な助言や援助を行うほか、児童相談所や児童福祉施設との連絡調整や厚生労働省令の定める援助を総合的に行うことを目的とする施設である。児童相談所を補完する施設として、児童相談所の支所として発足したが、指導福祉法改正に伴い、市町村の求めに応じた事業が加えられ、地域に根ざした活動を行っている。

(7) 要保護児童対策地域協議会

2004年児童福祉法の改正に伴い、地方公共団体において関係機関相互の連携と役割分担を調整する機関として要保護児童対策地域協議会が誕生した。地域協議会の役割としては、虐待を受けている子どもをはじめとする要保護児童の早期発見や適切な保護を図るためには、関係機関がその子ども等に関する情報や考え方を共有し、適切な連携の下に、迅速に対応することである。地域協議会を設置した地方公共団体の長は、地域協議会を構成する関係機関のうち、地域協議会の運営の中核となり、要保護児童等に対する支援の状況の把握や関係機関との連絡調整を行う機関を指定する。

【引用・参考文献】

一般財団法人厚生労働統計協会編『国民の福祉と介護の動向2012/2013』厚生労働統計協会、2012年

柏女霊峰「子ども家庭の福祉を考える」NHKテキスト『社会福祉セミナー2012年4〜7月』NHK出版、2012年

柏女霊峰『児童福祉改革と実施体制』ミネルヴァ書房、1998年

厚生省児童家庭局編『児童福祉五十年の歩み』厚生省児童家庭局、1998年

新版・社会福祉学習双書編集委員会編『児童福祉論』全国社会福祉協議会、2001年

ミネルヴァ書房編集部編『社会福祉小六法2013』ミネルヴァ書房、2013年

山縣文治『児童福祉論』ミネルヴァ書房、2006年

山縣文治編『よくわかる子ども家庭福祉〔第6版〕』ミネルヴァ書房、2009年

山縣文治・林浩康『社会的養護の現状と近未来』明石書房、2007年

第6章
社会的養護の領域と概要

板東　一仁

第1節 社会的養護の領域

1．社会的養護の領域

(1) 社会的養護とは

　日本では、少子高齢化が進行する中で子どもや子育てをめぐる社会環境は、核家族化、雇用形態の多様化、所得格差の進行等の影響を受けて、以前と比べ大きく変容している。そうした中、全ての子どもに対して良質な成育環境を保障し、子どもを大切にする社会が求められている。これは、日本に限らず世界の国々においても共通の願いである。

　社会的養護とは、保護者のいない子ども、保護者の適切な養育を受けられない子どもに対して、公的責任で社会的に保護し養育するとともに、養育に困難を抱えている家庭の子育てを支援する制度である。社会的養護の基本理念として、児童福祉法第1条では、「すべて児童は、ひとしくその生活を保障され、愛護されなければならない」と規定しており、子どもの権利に関する条約第3条でも、「児童に関するすべての措置をとるに当たっては、児童の最善の利益が主として考慮されるものとする」と規定している。社会的養護の実現は、子どもの最善の利益実現のための大きな要素となっている。社会的養護の実施機関は、児童相談所と市町村であり、児童相談所は、要保護児童とその家族を支援する役割を担い、市町村は、要支援児童とその家族を支援する役割を担っている。社会的養護の中心的機関は児童相談所であるが、近年、市町村の役割も増している。

(2) 社会的養護のしくみ

　社会的養護は、施設養護と家庭的養護に大別できる。施設養護は、戦

前からの日本における児童養護の中心的形態であり、本来、家庭で養育されるべき子どもを児童福祉施設に預かり、保護者に代わって養育するしくみである。施設養護には、保育所のように子どもが家庭から通って日中のみ生活する通所施設と、乳児院や児童養護施設のように昼夜施設で生活する入所施設がある。家庭的養護は、小規模な施設（ファミリーホーム）または一般家庭（里親の自宅）で子どもを預かり養育するしくみである。さらに、民法上の制度としての養子縁組制度も、社会的養護の一形態とされている。

2．社会的養護の実際

（1）家庭的養護

　家庭的養護は、施設養護に比べて、一人または少人数で密度の濃い養育を受けられる点に最大の特徴がある。児童憲章でも、「すべての児童は、家庭で、正しい愛情と知識と技術をもって育てられ、家庭に恵まれない児童には、これにかわる環境が与えられる」と宣言されており、施設養護よりも里親制度のほうが、子どもの発育上好ましい環境と考えられている。

（2）施設養護

　施設養護は、児童福祉施設が子どもを預かり、家庭の養育機能を補完し、もしくは代替して子どもの養護を行うものである。日本では、施設養護は、社会的養護の中心を担っている。しかし、制度創設時から60年以上が経過していること、施設そのものも老朽化し、4人部屋等プライバシー保護上課題を抱えている施設が多いことなど社会の変化に対応しておらず多くの課題を抱えている。

　入所児童の半数以上が過去に虐待を受けた経験のある子どもたちであり、心理療法担当職員の配置等により心のケアの支援を行うことができる強みもある。また、家族再統合支援の一つとして、子どもの退所後の

アフターケアの取り組みも行っている。

(3) グループホーム

グループホームとは、施設養護と里親制度の中間型として子どもを少人数（5～10人）程度で養育する形態である。児童養護施設の分園として地域の家屋で子どもを養育する地域小規模児童養護施設や、里親が夫婦以外の職員も含めて4～6人程度の子どもを養育する里親型ファミリーホーム（小規模住居型児童養育事業）が一般的である。このほか、義務教育を修了し児童養護施設を退所した子どもが、社会的に自立できるよう支援する自立援助ホーム（児童自立生活援助事業）もある。

(4) 在宅養護

女性の社会進出に伴う共働き世帯の増加等により、社会的養護は一部の家庭や子どもの問題ではなくなってきている。そのため、市町村中心の子育て支援事業を在宅養護と位置づけて、社会的養護を、「施設養護」「家庭的養護」「在宅養護」と分類する考え方も出てきている。

この背景には、社会の変化に伴う保育需要に対応できるよう、国の指導や支援の下、市町村が、延長保育や夜間保育等保育事業を拡大多様化し、相談事業や訪問事業にも力を入れている現状が読み取れる。

第2節 里親制度

1. 里親制度

(1) 里親制度の概要

里親制度とは、さまざまな理由によって親とともに生活できない子どもを短期的または長期的に実親に代わって里親が育てる制度である。通

常、児童相談所長が、知事が適当と認めた里親に養育を委託し、里親が里子を養育する。養育中は養育費等が支払われ、法的な親子関係は生じず、したがって相続等の法律問題も生じない。

(2) 里親制度の沿革

里親制度の原型は、日本古来より存在していたとされている。6世紀末、聖徳太子が建立したとされる大阪四天王寺四箇院の一つ悲田院で、養母や預乳母が子どもを育てたといわれている。また、平安時代に入り、京都で「里子」（村里に預けられた子）の制度が始まり、今日の里親委託に近いしくみが出来上がったと思われる。その後、江戸時代まで里親養育は続けられていた。明治以降は、新政府の樹立に伴う日本の近代化に呼応して新たな「養護問題」への取り組みが模索され、民間人主導で新たな広がりが見られた。

日本の施設養護の先駆者である石井十次（1865～1914）は、1887年岡山孤児院を設立する一方、多くの子どもを里親にも委託している。

戦後、1947年に児童福祉法が制定され、ようやく「里親」が国の制度として位置づけられた。その詳細は、1948年「里親等家庭養育の運営に関して」（事務次官通知）で示されたが、その後の社会状況の変化や民法の改正を踏まえ、1987年「里親等家庭養育運営要綱」が示され、今日の里親制度の根幹が出来上がった。しかし2002年に、里親制度の推進を図るため、「里親の認定に関する省令」および「里親が行う養育に関する最低基準」が制定され、「里親等家庭養育運営要綱」は廃止されている。

(3) 里親制度の現状

里親委託について諸外国の状況を見ると、オーストラリア93.5％、アメリカ77.0％、イギリス71.7％、フランス54.9％、ドイツ50.4％と国によって差はあるものの、欧米主要国では5割を超えており、社会的養護の中心となっている（厚生労働省2013年3月発表資料）。

図表1　里親等委託率の推移

年	児童養護施設 入所児童数	比率	乳児院 入所児童数	比率	里親等 委託児童数	比率	合計 児童数	比率
2002	28,903	84.7	2,689	7.9	2,517	7.4	34,109	100
2004	29,750	83.3	2,942	8.2	3,022	8.5	35,714	100
2006	29,808	82.2	3,013	8.3	3,424	9.5	36,245	100
2008	29,818	81.3	2,995	8.2	3,870	10.5	36,683	100
2010	29,114	79.9	2,963	8.1	4,373	12.0	36,450	100
2011	28,803	78.6	2,890	7.9	4,966	13.5	36,656	100

(注)　里親等は、2009年度から制度化されたファミリーホームを含む数値。
出典：厚生労働省資料より作成

　日本の里親委託の推移を見ると、2002年3月に2517人（7.4％）であったものが、関係機関の努力により、2011年3月には4966人（13.5％）と上昇している（図表1）。それでも日本は、里親委託が国際的には低い国である。

　厚生労働省は、2014年3月までに里親委託の比率を16％まで引き上げることを目標に定め、施設よりも里親優先を打ち出してはいるが、この目標達成には、国の支援と全国自治体の努力が必要である。ただ、里親委託に熱心に取り組んでいる自治体では3割を超えているところもある。

(4) 里親制度の内容

　現行の里親制度は、2008年3月の児童福祉法改正により、翌2009年4月からスタートした制度である。この改正では、里親研修の義務化や欠格事由の法定化も図られている。里親の種類は、養育里親、養子縁組を希望する里親、専門里親、親族里親に区分されている。里親の種類と内容を整理すると、次のとおりである。

養育里親
〈対象児童〉
・なんらかの事情により保護者のいない子ども、保護者に監護させることが不適当な子ども（要保護児童という）
・実子を含めて4人まで可能

〈資格要件〉
- 心身共に健全であること
- 児童の養育についての理解および熱意ならびに児童に対する豊かな愛情を有していること
- 経済的に困窮していないこと
- 児童の養育に関し児童虐待等の問題がないと認められること
- 児童買春や児童ポルノ等により罰金以上の刑に処せられたことがないこと

〈委託期間〉子どもが18歳に達するまで（都道府県知事が必要と認めた場合は20歳まで）

専門里親

〈対象児童〉
- 児童虐待等により心身に有害な影響を受けた子ども
- 非行等の問題を有する子ども
- 身体障害、知的障害または精神障害のある子ども
- 実子を含めて4人まで（委託児童は2人まで）可能

〈資格要件〉
- ア　養育里親として3年以上の経験を有する者
- イ　3年以上児童福祉事業に従事した者
- ウ　ア、イと同等以上の能力を有すると知事が認定した者
- ア、イ、ウのいずれかに該当しかつ、専門里親研修を修了した者で委託児童の養育に専念できる者

〈委託期間〉原則として2年以内（更新可）

親族里親

〈対象児童〉両親その他要保護児童を現に監護する者が死亡等の状態になり養育できない子どもで親族里親と民法上三親等内の親族である子ども（人数制限なし）

〈資格要件〉経済的に困窮していないことを除いて養育里親と同じ

〈委託期間〉養育里親と同じ

養子縁組を希望する里親
〈対象児童〉要保護児童のうち養子縁組を結ぶことが可能な子ども（人数制限なし）
〈資格要件〉養育里親と同じ（養子縁組を希望する者）
〈委託期間〉養子縁組成立まで

(5) 里親制度の課題

　里親登録数（**図表2**）を見ると、1965年に1万8230人であったものが、2002年には、7162人まで減少している。その後、里親制度改革により微増傾向にあるが、里親の確保は簡単なことではない。

　血縁関係のない子どもと生育途上で関わり育てることは、並たいていのことではない。子どもの年齢や生みの親との関係にもよるが、里親は、不安や混乱のある子どもに安心できる生活の場を提供しなければならない。そのためには、身近な人間関係への配慮や生みの親との関係、地域との関係を、子どもの状態を見ながら適切に保っていくようにしたい。

　制度上の課題として、里親制度の社会的認知度が低く、その結果、里親登録者数の増加が思わしくなく、また、里親の希望する条件と里子が合致するかどうかの問題も大きい。また実施体制の課題として、里親専任職員が配置されていない場合や児童福祉司が虐待対応等に追われ、里

図表2　里親登録数の推移

年	登録里親数	委託里親数	委託児童数
1955	16,200	8,283	9,111
1965	18,230	6,090	6,909
1975	10,230	3,225	3,851
1985	8,659	2,627	3,322
2002	7,162	1,873	2,517
2006	7,882	2,453	3,424
2008	7,808	2,727	3,870
2010	7,669	2,971	3,876

出典：厚生労働省「福祉行政報告例」より作成

親業務に十分時間が取れない等、児童相談所の体制が挙げられる。

　子どもの状況に関する課題として、里親委託は施設入所に比べ、実親の同意が得にくいことや、発達障害や虐待による心の傷等で里親への委託が困難なケースも増加している。

(6) 里親支援に向けて

　信頼関係の構築が難しい里親や、トラブル・事故を心配する里親に対して、どのような支援を行えばよいのであろうか。具体的な取り組み内容は、児童相談所運営指針や里親委託ガイドラインに定められている。例えば、里親交流会で体験談を語り合いコミュニケーションを深め、里親の孤立化を防ぎ、里親研修で養育技術の向上を図る等である。また、地域の協力や連携を呼びかけ、里親にとってより良い養育環境をつくることも必要である。

(7) ファミリーホーム（小規模住居型児童養育事業）

　2009年度に創設された制度（児童福祉法第6条の2第8項）で、家庭養護を促進するため養育者の住居で子ども5～6人の養育を行うものである。里親の規模を拡大した里親型のグループホームと言える。ここでは、子どもに対して自主性を尊重し、基本的な生活習慣を身につけさせ、豊かな人間性と社会性を養い自立を支援する。

2．養子縁組

(1) 養子縁組制度のしくみ

　養子制度は、1898年の民法施行当時から行われている制度（民法第792条以下）であるが、1988年の民法改正により、特別養子縁組制度が追加規定（民法第817条の2以下）された。この改正により養子制度は、従来からの普通養子縁組と社会的養護を必要とする子どもを主に対象とする特別養子縁組に別れた。養子縁組を行うと、実子と同等の身分とな

り、相続や扶養の権利義務関係が発生して法律上の親子関係が成立する。

(2) 特別養子縁組制度

　民法が本来予定していた養子縁組（普通養子）は、子どもの養育目的ではなく、家督相続（家の存続）を主に想定したものであり、両者（里子の場合は実親）の合意に基づいて成立するものである。ただし、養子が未成年の場合は、家庭裁判所の許可が必要となる。しかし欧米では、主に乳児を養育するための制度として考えられており、日本でも、子どもに恵まれない夫婦に実子として育てたいという心情を満たす目的で定められたのが、この特別養子縁組制度である。特別養子縁組は、両者の合意ではなく、家庭裁判所の審判で成立するものである。その理由は、子どもの福祉を優先し、国家の後見的見地からの判断に基づくことが必要と考えられたためである。その要件は厳しく、①養親は25歳以上でなければならないこと、②養子は、6歳未満でなければならないこと、③実方父母の同意が必要なこと、④養親の監護能力や適格性を判断するため6カ月間の試験養育期間があること、等が定められている。

(3) 養子縁組制度の問題点

　養子を希望する者に対して、希望にかなうような里子を引き合わせることはかなり難しい作業である。通常、実親はいくら困っていても、施設入所等には同意しても、養子縁組にはなかなか同意しない。そこに行政機関（例えば児童相談所）が積極的に関わることは難しく、全国的には家庭養護促進協会や一部の産科系病院にコーディネート役を依存している。引き合わせはあくまでも善意の作業であるが、一部のNPO法人等のように手数料等の金銭の授受が絡むと、倫理上等さまざまな問題が出てくる。なによりも、特別養子縁組制度は年間400組程度しか利用されていない現状がある（一方、未成年養子縁組は年間約1000件程度）。広報活動や使いやすい制度への改善努力が求められている。

第3節　施設養護

1．施設養護の役割

　日本では施設養護が、社会的養護の中心として大きな役割を果たしている。集団生活が基本で、家庭的環境の確保は難しいが、公的責任の下で保育士、児童指導員等の専門的職員が子どもに関わり、家庭の子育て機能を補完ないし代替している。障害児で療育を必要とする子どもには、医療の提供も行っている。多様な子どもを受け入れる施設には、養育のみならず教育・治療等さまざまな機能が用意されている。

　また、高校卒業後、自立した生活ができる社会人を育成するための自立支援の取り組みや、地域で子どもを必要に応じて支援する地域支援も行っている。

2．施設養護の種別

　児童福祉法第7条（児童福祉施設等）第1項では、児童福祉施設として、助産施設、乳児院、母子生活支援施設、保育所、児童厚生施設、児童養護施設、障害児入所施設、児童発達支援センター、情緒障害児短期治療施設、児童自立支援施設および児童家庭支援センターを定めている。また、各施設の詳細は、「児童福祉施設の設備及び運営に関する基準（旧・児童福祉施設最低基準）」で定められている。以下、設置目的と生活形態別に主要な施設について説明する。

（1）養育環境に問題のある子どもの施設
乳児院（第37条）
乳児（2004年から6歳未満児まで入所可能に拡大）を入所させ、養育し、

退院した者には相談その他の援助を行う施設。2012年3月末現在、全国に128カ所あり、2894人が入所している。

児童養護施設（第41条）

保護者のいない子ども（乳児を除く。ただし、特に必要のある場合は乳児を含む）、虐待されている子どもその他環境上養護を必要とする子ども（要保護児童）を入所させ、養護し、退院した者には相談その他の援助を行う施設。これに加え、地域における子育て支援機能（育児相談等）も加えられている。

対象年齢は18歳未満であるが、必要な場合20歳まで延長できる。2012年3月末現在、全国に584カ所あり、2万8807人が入所している。

母子生活支援施設（第38条）

配偶者のいない女子またはこれに準ずる事情にある女子およびその者の監護すべき児童を入所させて、これらの者を保護するとともに、これらの者の自立の促進のためにその生活を支援し、併せて退所した者について相談その他の援助を行う施設。2012年3月末現在、全国に269カ所あり、4226世帯が入所している。

(2) 障害のある子どもの施設（第42条）

以前は、知的障害児施設、知的障害児通園施設、盲ろうあ児施設、肢体不自由児施設、重度心身障害児施設に区分されていたが、2011年の改正で以下のようになっている。

福祉型障害児入所施設

障害児を入所させ、保護、日常生活の指導および独立自活に必要な知識技能の付与を行う施設（旧、知的障害児施設、肢体不自由児療護施設、盲ろうあ児施設など）。

医療型障害児入所施設

障害児を入所させ、保護、日常生活の指導、独立自活に必要な知識技能の付与および治療を行う施設（旧、重度心身障害児施設など）。

(3) 情緒・行動に問題のある子どもの施設

児童自立支援施設（第44条）

不良行為をなし、またはなすおそれのある児童および家庭環境その他の環境上の理由により生活指導等を要する子どもを入所させ、または保護者の下から通わせて、個々の子どもの状況に応じて必要な指導を行い、その自立を支援し、併せて退所した者について相談その他の援助を行う施設。2012年3月末現在、全国に56カ所あり、1322人が入所している。

情緒障害児短期治療施設（第43条の2）

軽度の情緒障害を有する子どもを短期間入所させ、または保護者のもとから通わせて、その情緒障害を治し、併せて退所した者について相談その他の援助を行う施設。2012年3月末現在、全国に37カ所あり、1205人が入所している。

児童発達支援センター（第43条）

①福祉型児童発達支援センター

日常生活における基本動作の指導、独立生活に必要な知識技能の付与または集団生活への適応のための訓練を行う施設（旧、知的障害児通園施設、難聴幼児通園施設）。

②医療型児童発達支援センター

日常生活における基本動作の指導、独立生活に必要な知識技能の付与または集団生活への適応のための訓練および治療を行う施設（旧、肢体不自由児通園施設）。

(4) 子どもの健全育成のための施設

保育所（第39条）

日々保護者の委託を受けて、保育に欠ける乳児または幼児を保育することを目的とする施設。保育時間は、原則1日8時間。

保護者の就労形態の多様化に応えられるよう、延長保育、夜間保育、休日保育等、保育形態の多様化に努めている。

また、地域の子育て支援の拠点としての役割（一時保育や育児相談等）も求められている。2012年3月末現在、全国に2万3470カ所あり、216万1205人が入所している。

児童厚生施設（第40条）

児童遊園、児童館等児童に健全な遊びを与えて、その健康を増進し、または情操を豊かにすることを目的とする施設である。児童館は、小型児童館、児童センター、大型児童館（A型・B型・C型）に分かれる。2012年3月末現在、全国に児童館は4318カ所、児童遊園は3164カ所ある。

3．施設養護の課題

社会的養護の8割以上を担うのが施設養護であるが、施設という集団生活の場で子どもの人権（子どもの最善の利益や意見表明権等）をどのように守っていくかが大きな課題となっている。2009年4月から児童福祉法の改正により施設で生活している子どもへの虐待防止等の規定も定められた。一般的な取り組みとして、施設内での子どもの権利を守るため人権保護の視点から「権利ノート」を策定し、入所時にさまざまな権利があることを説明することなどが行われている。また施設は、大きく大舎制、中舎制、小舎制に分かれているが、約7割が大舎制のままで、小規模化はあまり進んでいない。このため厚生労働省は、施設の小規模化と施設機能の地域分散化による家庭的養護の推進に取り組んでいる。

【参考文献】

　北川清一編著『児童福祉施設と実践方法』中央法規出版、2005年
　厚生労働省「社会的養護の現状について」（参考資料）2013年3月
　厚生労働省「社会的養護施設に関する実態調査」2009年
　社会保障審議会児童部会社会的養護専門委員会「社会的養護体制の充実を図るための方策について」2007年9月

第7章
施設養護を利用する子ども

太田　敬志

第1節 社会的養護を必要とする子どもと家族

1. 措置理由の概要

社会的養護を利用する子どもの背景は時代によって異なる。戦後は親を亡くした子どもの多くが社会的養護を利用していたが、近年では親がいない子どもは少なく、中には親のいない子どもが全くいない児童養護

図表1　養護施設入所児童の入所理由

	里親委託児	養護施設児	情緒障害児	自立施設児	乳児院児
総　数	(3,611人) 100.0%	(31,593人) 100.0%	(1,104人) 100.0%	(1,995人) 100.0%	(3,299人) 100.0%
父の死亡	1.3	0.6	1.3	0.5	0.1
母の死亡	5.3	1.8	0.9	1.3	1.1
父の行方不明	3.0	1.0	0.2	0.8	0.2
母の行方不明	11.3	5.9	1.3	1.4	4.1
父母の離婚	3.8	4.1	4.7	10.2	2.5
両親の未婚	＊	＊	＊	＊	7.9
父母の不和	0.6	0.8	1.7	2.5	1.3
父の拘禁	1.8	1.8	0.9	1.2	0.9
母の拘禁	3.0	3.3	1.4	1.2	4.4
父の入院	0.9	1.0	0.4	0.4	0.2
母の入院	4.4	4.8	0.9	0.6	3.7
家族の疾病の付き添い	＊	＊	＊	＊	0.4
次子出産	＊	＊	＊	＊	0.7
父の就労	2.3	5.6	1.2	1.0	0.7
母の就労	2.7	4.1	1.7	3.6	6.7
父の精神疾患等	0.3	0.6	0.6	0.8	0.2
母の精神疾患等	7.7	10.1	13.1	7.9	18.9
父の放任・怠惰	0.9	2.1	2.6	5.0	0.4
母の放任・怠惰	8.8	11.7	13.8	17.3	8.4
父の虐待・酷使	2.8	5.9	12.4	9.1	3.6
母の虐待・酷使	4.3	8.5	14.1	7.9	5.6
棄児	3.7	0.5	0.3	0.6	1.5
養育拒否	16.0	4.4	4.7	5.8	7.8
破産等の経済的理由	5.8	7.6	2.0	1.2	5.7
児童の問題による監護困難	1.0	3.3	10.6	7.4	0.6
その他	6.0	8.5	8.3	9.6	10.7
不　詳	2.2	2.0	0.9	2.8	1.8

（注）＊印は、調査項目としていない。　　　出典：[厚生労働省、2009] を基に作成

図表2　養護施設入所時の保護者の状況

	里親委託児	養護施設児	情緒障害児	自立施設児	乳児院児
総数	(3,611人) 100.0%	(31,593人) 100.0%	(1,104人) 100.0%	(1,995人) 100.0%	(3,299人) 100.0%
両親またはひとり親	67.7	83.2	87.3	87.7	89.0
両親ともいない	21.3	8.6	8.5	6.3	2.1
両親とも不明	6.7	2.2	0.6	1.2	2.0
不詳	4.3	5.9	3.5	4.8	7.0

出典：［厚生労働省、2009］を基に作成

施設や乳児院もあるほどである。親がいても、社会的養護を利用しなければならない理由は、貧困・疾病・虐待などさまざまである。

養護問題発生理由の主なものは、里親委託児の場合には、「養育拒否」16.0％、「父母または母の行方不明」14.3％であり、児童養護施設の場合には、「父または母の虐待・酷使」14.4％、「父または母の放任・怠惰」13.8％、乳児院の場合には、「父または母の精神疾患等」19.1％、「父または母の虐待・酷使」9.2％となっている（**図表1**）。

また、委託（入所）時の保護者の状況を見ると、里親委託児では、「両親またはひとり親」は67.7％、「両親ともいない」21.3％、「両親とも不明」6.7％であり、養護施設では、それぞれ83.2％、8.6％、2.2％、乳児院児では、89.0％、2.1％、2.0％である（**図表2**）。

2．被虐待児の増加

出生数が低下する中で虐待の相談件数が増加していることは、入所児童数が増えていることにつながっている。

児童虐待防止法では、「児童虐待」を「保護者（親権を行う者、未成年後見人その他の者で、児童を現に監護するものをいう）がその監護する児童（18歳に満たない者）に対し、次に掲げる行為をすること」と定義し、以下の行為を列挙している（第2条）。また第3条では、「何人も、児童に対し、虐待をしてはならない」と規定している。社会的養護を利用する子どものうち、被虐待経験は、里親委託児で31.5％、児童養護施設

で53.4％、乳児院で32.3％である。また、児童自立支援施設では65.9％、情緒障害児短期治療施設では71.6％と高い［厚生労働省、2009］。

虐待は次のように分類することができる。

①子どもの心身にしてはいけないことをする虐待

・身体的虐待：児童の身体に痛みと苦痛が生じさせる行為。または、外傷の生じるおそれのある暴行を加えること（例:殴る。蹴る。たたく。たばこの火を押しつける。熱湯をかける）。

・性的虐待：児童への性的暴力（例：性的行為を強要する。性器や性行為を見せつける）。

・心理的虐待：児童に著しい心理的外傷を与える言動を行うこと。または、無視（例：「お前なんか、生まれてこなければよかった」「死んでしまえ」「殺すぞ」などと言うこと）。

②子どもに必要なことをしない虐待

・ネグレクト（育児放棄、監護放棄）：児童の心身の正常な発達を妨げるような著しい減食、もしくは長時間の放置その他の保護者としての監護を著しく怠ること（例：食事を与えない。食事を与える量が極端に少ない。病気やケガをしても病院で診察させない。子どもだけを車内に放置する。下着・衣類が不潔なまま放置する。通園・通学を行わせない。子どもだけで夜を明かすなど）。

児童虐待は、上記の４種類の虐待が単独で行われるのではなく、複数の虐待が連動して行われる場合がほとんどである。例えば、性的虐待をする者は、虐待行為をしたあとに、「このことを言ったら殺すからな」「お母さんは、悲しむだろうな」と言い、子どもを精神的に追い込む場合が多い。

虐待を受けた子どもたちの多くは、コミュニケーションが苦手で、わざと相手の気持ちを逆なでする言動をとることもある。うそが多かったり、相手との距離感がとれない子どもも多い。大人を困らせるこれらのことは「試し行動」とも呼ばれるが、大人を困らせることが目的ではな

く、大人の反応を見たい場合が多い。関わる大人が被虐待児の特徴を理解しないと、生意気な子どもというイメージで関わってしまう危険性がある。関わる大人は、言葉の表面的な意味で判断するのではなく、子どもの「かまってほしい」というサインや気持ちを受け止める必要がある。

3．発達障害児の増加

　児童虐待の理由の中に、発達障害児の増加が含まれる。発達障害であることが分からなかったり、発達障害であることが分かっても、関わり方が分からないことから虐待に及ぶ場合もある。発達障害は、脳機能の発達が関係する生まれつきの障害であり、発達障害がある人は、コミュニケーションや対人関係をつくるのが苦手である。
　①自閉症
　「言葉の発達の遅れ」「コミュニケーションの障害」「対人関係・社会性の障害」「パターン化した行動、こだわり」などの特徴を持つ障害で、3歳までにはなんらかの症状が見られる。また、自閉症の人々の半数以上は知的障害を伴うが、知能に遅れがない高機能自閉症の人々もいる。
　②アスペルガー症候群
　広い意味での「自閉症」に含まれる一つのタイプで、「コミュニケーションの障害」「対人関係・社会性の障害」「パターン化した行動、興味・関心の偏り」がある。自閉症のように、幼児期に言葉の発達の遅れがないため、障害があることが分かりにくいが、成長とともに不器用さがはっきりすることが特徴である。
　③注意欠陥多動性障害（AD/HD：Attention-Deficit/Hyperactivity Disorder）
　「集中できない（不注意）」「じっとしていられない（多動・多弁）」「考えるよりも先に動く（衝動的な行動）」などを特徴とする発達障害である。注意欠陥多動性障害の特徴は、通常7歳以前に現れる。多動や不注意といった様子が目立つのは小・中学生頃であるが、思春期以降はこういった症状が目立たなくなるともいわれている。

④学習障害（LD：Learning Disorders または Learning Disabilities）

　全般的な知的発達に遅れはないのに、聞く、話す、読む、書く、計算する、推論するなどの特定の能力を学んだり行ったりすることに著しい困難を示すさまざまな状態をいう。

4．子どもの貧困

　1990年代以後、貧困に陥る人々がしだいに増加するようになり、国際的に見ても、日本の子どもの貧困率は先進国の中でもかなり高い水準に達している。2009年には15.7％の子ども、つまり6人に1人が貧困の状態にある。また、グローバル経済化に伴う競争の激化を背景に、失業、望まないパートタイム労働、非正規雇用などが増加している。リストラや倒産、賃金カットなどが相次ぎ、生計を維持することが難しい世帯が増加したことが原因である。しかも、この時期は家族の多様化の時期と重なっており、離婚によるひとり親世帯、女性が主な稼ぎ手の世帯、稼ぎ手のいない世帯の増加などが、子どもの貧困化をさらに悪化させることになった。また、子どもの貧困は、無業世帯で暮らしている場合と、ひとり親、特に母子世帯で顕著である。

　こういった状況の中、家庭崩壊や親の精神疾患といった問題が発生したり、子どもの不登校や高校中退などが起きることも少なくない。それらが児童虐待につながる例も多く見られ、その結果、社会的養護（施設養護）を利用することもある。

5．短期で利用する子どもたち

　児童養護施設は、なんらかの理由で生活が難しくなった子どもたちが生活するための施設である。入所期間は1カ月もあれば、17年間という長期に及ぶ場合もある。しかし、中には日帰りで施設を利用する場合もある。この1週間以内の利用をショートステイという。徳島市の場合、子育て支援事業として児童養護施設を利用したショートステイ、トワイ

ライトステイが1995年度より始まった。それまでの児童養護施設は入所してくる子どものためだけの施設であったが、地域福祉の拠点としての役割を担うようになった。子育て短期事業開始当時は、働く女性や、父子家庭の父親のための支援であった。また、児童養護施設内に学童保育所を設置するところもこの頃から増え始めた。その後、児童虐待が増えるにつれ、虐待防止という役割が加わった。レスパイト（育児疲れからの休息）を目的としたショートステイの他にも、気軽に子育ての相談に来られるような体制を作り始めた。中には、児童家庭支援センターを併設する児童養護施設もある（2011年10月現在で87カ所）。近年では、里親の開拓と里親支援の必要性も高まっている。一つの児童養護施設が小規模化・分散化することで地域に根づき、子育てサロンのような役割を担うようになった。

　また、各地の児童相談所の中には一時保護所を持たない所もあり、児童養護施設が保護委託の場所として使われることもある。

第2節 施設養護で生活する子どもの暮らし

1．代替機能としての施設

　社会的養護を利用しなければならなくなった背景はさまざまであり、家庭の状況もさまざまである。以前は、家には祖父母がいて支えがあり、近隣の人の支援があった。しかし、支えてくれる人との関係が希薄になっている今日だからこそ、親は子育てに関して、より機能しなければならないのだが、現実はそうではない。家庭代替機能を担うためにも、社会的養護の場で子どもたちを育てていかなければならない。虐待を受けた子どもたちが増えてきているため、社会的養護は治療的役割を担わなければならなくなったが、社会的養護の場は子どもにとって生活の場であ

ることが大前提となる。

「家庭代替機能」には、家庭そのものの代替という意味と、家庭の本来持っている機能の代替という意味がある。

(1) 家庭そのものの代替としての施設養護

これは、家の代わりであり、住むところの代わりのことである。自宅で生活できなくなった子どもたちが、社会的養護の場で生活することを指す。家庭に代わる場として、子どもが育つ場としての里親や児童養護施設でなければならない。これは、昔も今も変わらないのだが、児童養護施設の場合、以前は、大きい部屋に、6～10名の子どもたちが生活していた時代もあった。施設は集団の持つ利点を施設生活で生かすべく、スポーツや文化活動を施設内で行うことにより、グループワークを処遇の中に取り入れてきた。しかし、子どもの権利条約批准（1994年）の頃から、集団よりも個人を尊重する傾向が見られ始め、子どもたちのプライバシーを大切にする傾向になり、大部屋から2人部屋・個室化を目指すようになってきた。それは、ただ養護するのではなく、生活の質を求め始めたことであり、集団主義養護から小規模化や家庭的養護への転換を意味している。

(2) 家庭の持っている機能としての代替

社会的養護を必要とする子どもたちの多くは、自分の家で生活していた子どもたちである。家の代わりが里親や児童養護施設であるのに対して、親の代わりは里親や施設職員である。近年、被虐待児童の増加や、発達障害児の増加により、社会的養護施設で生活する子どもたちにより良い支援をするためには、専門的な知識と技術が必要となってきている。それは、ただ単に存在としての代替ではなく、機能としての代替が必要となっているということである。治療的な関わりをすることに加え、さまざまな専門的機関との連携をしていくことが求められている。

2．治療的役割としての施設

　児童養護施設は、発達障害児の増加、被虐待児の増加という状況の中、治療的役割を担うようになった。それぞれの特性や家庭背景を考慮した関わりが必要である。軽度の情緒障害を有する子どもを短期間入所させ、または保護者のもとから通わせて、その情緒障害を治し、併せて退所した者について相談その他の援助を行うことを目的とする情緒障害児短期治療施設は、まだ全国には27カ所（2011年2月現在）しかなく、多くの児童養護施設は、情緒障害児短期治療施設の役割も担っているのである。

3．自立支援

　児童養護施設は、児童福祉法にもあるように、環境上養護を要する児童を入所させてこれを養護し、併せて退所した者に対する相談その他の自立のための援助を行うことを目的とする施設である。児童養護施設職員は、年齢に応じた自立のためのいろいろな支援をしなければならない。自立は次のように分類することができる。

①身辺的自立：お箸を使って食べる。衣服の着脱ができる。自分でトイレに行き排泄をする。
②社会的自立：コミュニケーションをとることができる。
③生活的自立：居室を清潔に使う。洗濯を自分でする。食事を自分で作る。
④経済的自立：自分の給与だけで生活費を賄うことができる。
⑤精神的自立：一人で寝ることができる。メールの返信が来なくてもいらいらしないで待つことができる。
⑥性的自立：性的自己決定を自分の意思ですることができる。

　乳児院や児童養護施設で生活する幼児の場合、上記の①は自立支援が中心となり、②〜⑥については児童養護施設の職員が支援してきた。特に、高校進学率も低かった時代においては、中学校を卒業してから一人

暮らしができるようにすること（生活的自立）が自立支援の中心であったが、今日では、生活的自立より精神的自立ができることを中心に支援をしている。

> **事例1　アルバイトを探すA君**
> 　高校3年生のA君は、アルバイトを探している。今度、決まれば高校に入ってから6件目になる。高校1年生の6月からラーメン屋さんでバイトを始めたが、最初は2回でクビになった。理由は、「いらっしゃいませ」と大きな声で言えなかったからだ。次のバイト先が決まるまでが大変で、アルバイト情報誌で探し、自分で電話をかけたが5件目でやっと面接にこぎつけた。バイト先が5回変わるまでには、バイト先での人間関係が原因で自分から辞めたこともあった。
> 　6件目を探すA君は楽しそうだ。「今度は、何をやってみようか。失敗しても、本番は高校卒業してからの就職だし」と前向きである。A君は高校時代のアルバイトで、いろいろなことを学んだようだ。

> **事例2　携帯電話を持ちたがるB君**
> 　高校1年生のB君は、携帯電話を持ちたいと担当の先生にお願いした。しかし、B君が生活しているC児童養護施設では、携帯電話を持つための約束を決めていた。高校生活が始まり、生活が安定し、最初の中間テストで赤点がなかったら、アルバイトが許可され、アルバイトが1カ月続いたら携帯電話を持つ許可が下りる。携帯電話の使用料金は1カ月8000円までで、自分のアルバイト料から支払うこと。使用していい時間は22時までとすること。フィルタリングを掛けることと、出会い系サイトなど悪質サイト防止講座を受けることが条件になっている。B君には、使用料の上限をもっと上げてほしい。もっと遅い時間まで使いたいとの希望があるようだが、節約して電話を使うこと、携帯（メール）に依存しないということが、B君の自立支援にもつながることを説明した。

4．児童養護施設での生活

　児童養護施設は生活の場である。小規模施設、大舎制と形態は違っていても、できるだけ一般家庭に近い生活を送れるように各施設で工夫を

図表3　児童養護施設での生活の一日の流れ（平日）

時間	生活内容	補足
06:30	起床	
06:45	朝食	
07:30	登校	
08:30	登園（幼稚園児）	
	未就園児、施設内保育	（※1）
12:00	昼食	
	帰園	
15:00	おやつ	
	宿題	
	自由時間	（※2）
16:30	幼児・入浴	
18:00	夕食	（※3）
18:30	小学生・入浴	
19:30	中学生・入浴	（※4）
20:00	幼児・就寝　中学生・入浴	（※5）
21:00	小学生・就寝　高校生・入浴	
	中学生・学習	（※6）
22:00	中学生・就寝	（※7）
23:00	高校生・就寝	

※1　未就園児の保育は基本的に施設内で行うが、幼稚園の開放保育や児童館に連れていく場合もある。
※2　幼稚園や学校からの帰園時間はそれぞれ異なる。中学生の場合、部活動や学習塾に通う児童もいる。
※3　夕食時間を過ぎて帰園する児童の夕食は取り置きし、帰園した時間に合わせ温め直している。
※4　学習や保育には、ボランティアの協力も重要である。
※5　入浴は、一人ずつ入れるように時間をずらすなどの配慮をしている。
※6　夜は、帰園時間が遅くなることが多い中高生と職員にとって、会話ができる貴重な時間でもある。
※7　22:00を過ぎても学習を希望する児童は、延長して学習している。

(筆者作成)

している（図表3）。

第3節　施設を巣立つ子どもたち

1．措置解除

　児童養護施設で生活する子どもたちが、施設で生活をしなくなることを措置解除という。措置解除には大きく分けて、家庭引き取りと自立の2つの場合がある。家庭引き取りの場合は、入所期間はさまざまである。中学3年生で高校進学を考えている者は、児童養護施設で84.5％、児童自立支援施設で77.4％である。施設養護を利用する子どものうち、大半が高校に進学するが、高校を中退する者もいる。法的には18歳まで施設

で生活をすることができるのだが、就職先や住まいを職員とともに探し、施設を出て自立することになる。自立の場合の多くは、高校卒業後、施設を出て就労するのだが、家庭から通勤することが難しい子どもの場合は、寮が完備されている職場を探す場合が多い。寮がない職場へ就労を希望する場合は、アパート等を借りて一人暮らしをしなければならない。この場合、保証人を立てなければならず、保証人を探すのに苦労をする場合がある。保証人を探せなかった場合は、施設長が保証人になる場合もある。

　最近は、大学進学希望者も25.7％と増えてきており、20歳になる前日まで施設内で生活を延長（措置延長）する施設も増えてきている。

2．リービングケア

　どの子にも退所の日が来る。その多くの場合、子どもたちは自立を迫られている。子どもたちの多くは高校卒業とともに社会的自立をせざるをえない。一般家庭の子どもと比べると、社会的ハンデがあるために、施設養護をしている間に自立に必要な知識と技術を教えていく必要がある。退所に向けての取り組み（準備）のことをリービングケアという。リービングケアでまず大切なことは、子ども自身に考えさせ、選択させることである。例えば、就職か進学か、家庭で生活するか一人暮らしをするか、どんな生活をするか。そのうえで、何が必要なのか熟考し、支援計画を立案する必要がある。

　進学を希望する場合は経済的に難しい場合もあるので、奨学金や修学助成制度を調べ、無理が少ないような進路を考えていくことも大切である。進学を希望せず就職することに決めたものの就労意欲がない場合は、2010年度開始の国のモデル事業で、寄り添い型・伴走型支援と呼ばれる「パーソナルサポートセンター」という自立に向けた支援を行う施設を利用したり、関係機関と連携する場合もある。

　家庭復帰の場合、本当に家庭に返してもだいじょうぶなのか調査・調

整していくとともに、帰宅練習を段階を踏まえながら行う必要がある。

その他にも、自活生活をしていくために必要な、自炊のこと、通院、役所利用の仕方、性に関する知識、住宅を借りる際の手続き、冠婚葬祭のマナー、お金の使い方などを教えていかなければならない。

3．アフターケア

児童福祉法に、児童養護施設退所後の相談・援助は、児童養護施設の目的であると示している。この退所後の相談・援助のことをアフターケアという。しかし、児童福祉法にはその方法と期間を示していない。各施設に任されているのが現状である。しかしまず大切なのは、児童養護施設を退所しても、困ったことがあれば頼っていいことを、退所間近の子どもたちに伝えることである。そして、職員のほうから、電話やメールで近況を確認したり、ときには家庭訪問をしなければならない。場合によっては、職場訪問をして近況の確認をするとともに、支援をしていく必要があることもある。

しかし、中には退所後の関わりを拒否する子どももいる。その際は、アフターケアを強要してはいけない。

【引用・参考文献】

厚生労働省雇用均等・児童家庭局「児童養護施設入所児童等調査結果（平成20年2月1日現在）」2009年7月

太田敬志「児童養護施設における生活と施設内余暇活動のあり方における一考察」『とくしま社会福祉研究』18号、2008年、pp.6-7

第 **8** 章

要保護児童と児童相談所の支援

宮内　俊一

第1節 児童相談所の機能と役割

1. 児童相談所とは

　児童相談所は、児童福祉法（1947年12月12日法律第164号。以下、法という）第12条に基づき各都道府県（指定都市を含む）に設置が義務づけられている。50万人に1カ所の設置であるが、多くの都道府県は地理的条件等を考慮して、複数の児童相談所や支所、分室を設置している。また、児童相談所設置市（児童相談所を設置する市として個別に政令で定める市）は任意で設置ができる。厚生労働省調査（2013年4月30日現在）によると、児童相談所は207カ所、一時保護所数は130カ所である。
　最近では、「子ども相談センター」や「子ども家庭相談センター」と称している児童相談所もある。通称「児相」と呼ばれている。

2. 児童相談所の目的

　児童相談所は、18歳未満の子どものあらゆる相談に応じる機関である。主たる目的は、児童福祉の理念および児童育成の責任の原理に基づき、「子どもの最善の利益」を図ることである。そのために児童相談所の機能と市区町村や各関係機関の機能を最大限に活用して、適切な役割分担・連携を図りつつ、子どもに関する家庭その他からの相談に応じ、子どもが有する問題または子どもの真のニーズ、子どもの置かれた環境の状況等を的確に捉え、個々の子どもや家庭に最も効果的な支援を行うのである。

3. 児童相談所の役割

　2004年の法の改正で、児童相談に関し市区町村が一義的に担うという

図表1　児童相談の展開過程

```
相談・通告 ───────────────────────────────────→

相談者              市          相談の受理    市町村内での           専門支援要請（送致）        児
家族               町                         相談主担当の決定    ─────────────→          童
本人               村          養護相談      児童福祉担当課      技術的支援・役割要請       相
地域住民   相談・   児          保健相談      生活保護担当課      ←─────────────          談
関係機関   通告     童          障害相談      民生・児童委員      子どもに関わる機関          所
など                相          非行相談      子育て支援センター   学校・幼稚園・保育所
                    談          育成相談      保健センター        保健福祉事務所
                    窓          その他        教育委員会          教育相談センター
                    口                        青少年相談センター   精神保健福祉センター
                                              障害福祉担当課      医療機関
                                ⇅協議         その他              警察             ⇅協議
                                              ⇅協議                その他
                                    ⇅協議                ⇅連携            ⇅連携

          ──────────  要 保 護 児 童 対 策 地 域 協 議 会  ──────────
```

出典：［神奈川県児童相談所、2009］

役割を法律上明確化するとともに、児童相談所の役割は、要保護性の高い困難な事例への対応や市区町村に対する後方支援に重点化された。図表1は、虐待通告、相談に限らず市区町村が受け付けた児童相談が、児童相談所との関わりの中でどのように展開されていくのかを示したものである。

　児童相談は、市区町村が相談を受け付け、児童相談所も構成機関として参加している「要保護児童対策地域協議会」で協議を進めながら、市区町村と児童相談所が連携していくのである。

　なお、市区町村が児童相談の第一次機関と位置づけられたが、児童相談所は、父母、家族、地域住民からの直接相談は従来どおり受け付ける。

4．児童相談所へ相談するには

　普通、児童相談所へ相談するには、おおむね来所相談と電話相談があ

る。児童虐待の場合は通告がある。相談費用はかからない。職員には守秘義務が課せられている。

①来所相談

来所による相談であり、事前に予約し面接日を決める。予約せずに直接来所した場合も受け付ける。

②電話相談

電話での相談であり、電話相談員が受け付ける。

③児童虐待の通告

虐待通告とは、虐待が疑われる場合にその旨を告げ知らせることである。電話、ファクシミリ、文書、来所等があり、匿名でも受け付ける。

第2節 児童相談所の職員と相談の種類

1．職員構成

児童相談所の職員構成は児童相談所の規模によって異なるが、所長、各部門の長、児童福祉司（スーパーバイザーを含む）、児童心理司（スーパーバイザーを含む）、相談員、医師（精神科医、小児科医）、保健師、児童指導員、保育士等が配置されている。これらの職員が各々の専門性を生かしながら、チームアプローチを行っている。

中心的職種である児童福祉司は、児童相談所に置かなければならない職員である。児童相談所長が定める区域を担当し、児童の保護その他児童の福祉に関する事項について、相談に応じ、専門的技術に基づいて必要な指導を行う等、児童の福祉の増進に努めるケースワーカーである。担当区域は、法による保護を要する児童の数、地域事情等を考慮し、人口のおおむね4万人から7万人までを標準としている。児童福祉司は、面接・訪問調査・照会等の調査によって得られた情報から、子どもの置

かれている環境を明らかにする。そして、子どもの行動と環境との関連を分析することによって、社会資源の活用の可能性を含めた必要な支援を児童相談所として総合的に判断するための社会診断を行う。支援については、心理診断・医学診断・行動観察等を踏まえて決定する。

児童福祉司は、多問題家庭等困難な場面に直面することが多く、幅広い知識と支援技術、そして行動力と経験が必要である。

2．相談の種類と主な内容

児童相談所が受け付ける相談の種類は、おおむね次のように分類されている。

(1) 養護相談：保護者の家出、失踪、死亡、離婚、入院等による養育困難児、虐待、養子縁組等に関する相談。
(2) 保健相談：未熟児、虚弱児、内部機能障害、小児喘息、その他の疾患（精神疾患を含む）等に関する相談。
(3) 障害相談：肢体不自由、視聴覚障害、言語発達障害、重症心身障害、知的障害、自閉症等に関する相談。
(4) 非行相談：虞犯行為（具体的な犯罪は行っていないが将来犯罪を起こす可能性のある行為）、触法行為（14歳未満の少年が窃盗や傷害等の刑罰法令に触れる行為）、問題行動のある子ども等に関する相談。
(5) 育成相談：育児・しつけ、不登校、家庭内暴力等に関する相談。
(6) その他：上記のいずれにも該当しない相談。

AD/HD（注意欠陥・多動性障害）、LD（学習障害）、発達障害等の子どもに関する相談は、相談内容により、それぞれの区分の相談としている。いじめについては、「育成相談」の区分で対応している。虐待については、「養護相談」に含まれている。「その他」では、里親になることを希望する里親相談等がある。

児童相談所は、児童虐待対応の専門機関である。厚生労働省が発表した、全国の児童相談所が2012年度に対応した児童虐待の相談件数（速報

図表2　児童相談所における相談別対応件数

総数	385,294 (100)
障害相談	185,853 (48.2)
養護相談	107,511 (27.9)
育成相談	51.751 (13.4)
非行相談	17,155 (4.5)
保健相談	2,639 (0.7)
その他の相談	20,385 (5.3)

（注）　カッコ内は比率。　出典：［厚生労働省、2012］

値）は6万6807件（前年度比6888件増）で、過去最多を更新した。調査を開始した1990年度（1101件）から約60倍増である。一方、「子ども虐待による死亡事例等の検証結果（第9次報告の概要）」によると、2011年度に虐待死した子どもの数は99人で、死亡した子どもの年齢は3歳未満が39人と全体の約7割を占めている。また、虐待を防ぐため親権を最長2年間停止する制度が民法の改正により2012年4月から施行されたが、この制度により全国の児童相談所長から親権停止の審判の申し立てがあったのは27件（2012年度）であった。

　なお、相談種別での対応件数は「養護相談」より「障害相談」が多い（図表2）。しかし、虐待相談等が増えて「養護相談」の構成割合は年々増加している。

第3節　児童相談所での相談の流れと措置の実際

1．児童相談所での相談の流れ

相談の流れはおおむね次のとおりに行われる（図表3参照）。

①相談の受付

　相談者が電話等により相談日時の約束をする。児童通告、市区町村からの送致、警察からの児童通告、家庭裁判所からの送致等により開始さ

図表3　児童相談所における相談援助活動の体系・展開

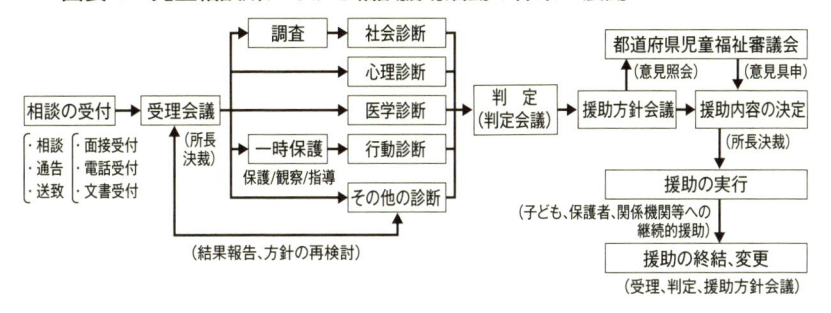

```
相談の受付 → 受理会議 → 調査 → 社会診断
                          → 心理診断
                          → 医学診断   → 判定    → 援助方針会議 → 援助内容の決定
・相談  ・面接受付  (所長    一時保護 → 行動診断   (判定会議)                  (所長決裁)
・通告  ・電話受付   決裁)   保護/観察/指導                                    ↓
・送致  ・文書受付          → その他の診断                                    援助の実行
                                                                            (子ども、保護者、
                                                                            関係機関等への
                                                                            継続的援助)
                                                                            ↓
                                                                            援助の終結、変更
                                                                            (受理、判定、援助方針会議)
```

　　　　　　　　　　　　　　(結果報告、方針の再検討)

都道府県児童福祉審議会 (意見照会)(意見具申)

出典：[厚生労働省雇用均等・児童家庭局、2012]

れる相談もある。

②面接

　相談者から話を聴く。子どものことについて話し合いを行い、必要な場合は児童心理司が子どもと面接する。

③調査

　必要に応じ、相談者の家庭や親族、学校等の状況を調査する。また、緊急に子どもの安全確認（虐待の場合は、通告受理後48時間以内が望ましい）を行う場合は、立ち入り調査を行うこともある。児童相談所では、必要に応じて一時保護所等で子どもを保護することができる。緊急性がある場合は、保護者等の同意がなくても、児童相談所長の判断で一時保護を実施することができる。

④診断

　児童福祉司、児童相談員、児童心理司、医師等がそれぞれ専門的な立場で診断して支援方針を決定する。

⑤支援方針の決定

　児童相談所で受けた相談については、援助方針会議で総合的な支援方針を決定する。また、子どももしくは保護者の意向が児童相談所の方針と一致しないときや、複雑困難な事例については、児童福祉審議会の意見を聞いて支援方針を決定する。児童福祉審議会とは、児童相談所にお

第8章　●要保護児童と児童相談所の支援

ける支援決定をするうえでの客観性を確保し、専門性の向上を図るために規定されたものである。医師、弁護士等外部の専門家が児童相談所をバックアップするものであり、都道府県・指定都市には設置が義務づけられているが、市区町村においては任意設置である。

⑥支援の実施

児童相談所では次のような支援を行う。

・来所による継続相談、カウンセリング等、助言
・児童福祉司や児童委員による指導（法第26条第1項第2号、法第27条第1項第2号）
・児童福祉施設への入所や里親への委託（法第27条第1項第3号）
・他の相談機関への紹介や斡旋

⑦支援の終了

問題が解決した場合や、児童相談所以外の機関が関わることが適切と判断される場合、また、成人となった場合等である。

　援助方針会議は、毎週1回開催され、原則として所長以下全職員（管理部門を除く）が出席する。援助方針会議は、受理会議（受理の段階で主訴を明確にして、当面の調査や支援方針が確定するまでの間の対応を整理する）、判定会議（各担当者の診断を基に、有効な支援方針や方法を導き出す。適宜再検討する）、措置会議（児童福祉司指導・児童福祉施設入所・里親委託・家庭裁判所送致等、具体的な支援の方針を決定する）の3部構成になっている。虐待等の通告については、そのつど所長以下、関係職員による緊急受理会議を開く。

2．一時保護

　社会的養護において一時保護は、児童相談所の重要な機能の一つである。法第33条の規定に基づき、児童相談所長または都道府県知事等が必要と認める場合には、子どもを一時保護所に一時保護し、または警察署、

福祉事務所、児童福祉施設、里親その他児童福祉に深い理解と経験を有する適当な者（機関、法人、私人）に一時保護を委託することができる。多くは、児童相談所の一時保護所を活用することになる。

　一時保護には、大きく分けて３つの役割がある。１つ目は、棄児（捨てられた子ども）、迷子、家出少年の他、養護相談にあるような理由による「緊急保護」、２つ目は、児童本人の心身の状況、行動特性、対人関係等を把握するための「行動観察」、３つ目は、短期の心理療法、カウンセリング、生活指導を行うための「短期入所」である。

　一時保護中は安心・安全が確保され、日課に沿って生活している。学習は、基本的に通学ではなく、一時保護所の職員により一時保護所の中で行われる。なお、法の改正により2012年４月から、親の意に反して一時保護を実施し、２カ月を超える場合には、児童福祉審議会の意見を聞かなければならないこととなった。

3．社会的養護における措置

　里親委託・施設入所させる権限を措置という。措置は児童福祉法で都道府県が有しているが、事実上は児童相談所が行使している。一時保護とともに社会的養護において重要な機能である。被虐待児、要保護児童（保護者のない児童、または家庭環境上養護を必要とする児童）等に対し、公的な責任として、社会的に養護を行うのである。原則として、家庭的養護（里親、ファミリーホーム）を優先するが、施設養護（乳児院、児童養護施設等）を行う場合が多い。2011年度の児童福祉施設入所措置は、児童相談所の養護相談件数の約８％であり、家庭的養護である里親委託は約２％にすぎない状況である。児童福祉施設には、乳児院・児童養護施設・児童自立支援施設・情緒障害児短期治療施設等がある。

　里親・施設措置の流れはおおむね次のとおり行われる。
　①社会的養護の検討
　　児童福祉司（ケース担当者）として、里親委託・施設入所の必要な理由

等について社会診断を作成する。
　②援助方針会議（判定会議）
　措置の必要性等について総合的に検討し、里親委託・施設入所等の適否を検討する。
　③委託・入所に関する調整項目
　子どもや保護者の意向を十分尊重し、子どもにとって最も適合する里親・施設の選定に留意する。また、事前のオリエンテーションにより、家族から離れて生活する不安等の解消に努める。里親・施設に子どもの状況等を伝え、委託・入所の可能性について、里親・施設と協議する。関係機関（学校、保育所、病院等の地域の機関）との事前調整をする。子どもや保護者に、委託・入所する里親・施設の名称、所在地、里親・施設の概要や、委託・入所中の自己負担金（措置費費用徴収額）等を説明する。また、里親との面会や施設見学を実施するとともに、「子どもの権利ノート」等を用い、委託・入所中の子どもの権利と責任、里親・施設生活等について説明する。保護者からは、委託・入所に同意した旨の同意書をとる。
　④援助方針会議（措置会議）
　具体的な委託・入所日や里親・入所施設を検討し、措置を決定する。子どもおよび親権を行う者または未成年後見人の承諾が得られない場合は、児童福祉審議会の意見を踏まえ、法第28条（児童相談所長による家庭裁判所への申立て）により家庭裁判所の審判を経て、児童福祉施設・里親委託等の措置を行う。この場合、里親・施設名等を知らせないこともある。
　⑤社会的養護措置
　移送方法、委託・入所当日に持参する物等の調整や、学校等への連絡を行い、措置当日の円滑な委託・入所に努める。
　⑥措置中の支援および措置の解除・停止・変更・延長
　里親・施設職員や保護者との面会等を継続し、子どもの適切な支援の

継続に努める。また、措置の解除・停止・変更・延長を行う場合は、里親・施設や家族と十分な調整を行い、子ども・保護者の意向を尊重した支援の検討に努める。

⑦**援助方針会議（措置会議）**

援助方針会議で、措置の解除・停止・変更・延長の決定を行う。

措置解除は、措置中の子どもが保護者の元に復帰（再統合）する場合、または里親・施設から自立する場合がある。その他、他の法の保護を受ける等により児童相談所の措置を終結することをいう。

措置停止は、措置を一時中断し、再措置の可能性があるときに行われるものである。また、停止の期間は、特別の理由がない限り、原則として1カ月以内とし、援助方針会議で検討し、期間を付し通知することになっている。

措置変更は、異なった種別の施設への措置、同種の他施設への措置、入所施設から通所施設等へ措置を変更することをいう。

措置延長は、施設等に入所または委託した子どもが、18歳に達しても里親委託・施設入所を継続する必要がある場合に、20歳に達するまで里親委託・施設入所を延長させる措置をいう。

児童相談所が講じる措置中の留意点としては、里親・施設訪問等で児童の状況の確認、家族の把握と調整、家庭等への一時帰宅を行う場合の保護者との調整と帰宅中の把握、児童自立支援計画の策定・見直し等、里親・施設との連携を十分に行うことである。

保護者の元へ復帰する場合の留意点としては、子どもが戻る地域の市区町村および関係機関との十分な調整と緊密な見守り体制が必要である。特に、虐待事例への対応については、市区町村、保育所、学校、病院、民生・児童委員等との日頃からの情報交換等が重要である。

虐待の対応は、児童相談所だけでできる問題ではない。市区町村、警察、病院、保健所等関係機関が重層的に関わり、情報を共有していかなければならない。早期発見・早期対応も必要であるが、虐待発生の予防

手段として、家庭の妊娠期・出産後早期からの把握や支援のための母子保健担当部署との連携と体制整備の充実等が望まれる。

【引用・参考文献】

　神奈川県児童相談所「児童相談所実務の手引き」2010 年

　神奈川県児童相談所「子ども虐待防止ハンドブック〔二次改訂版〕」2009 年

　厚生労働省「平成 25 年度全国児童相談所一覧」2013 年

　厚生労働省「児童相談所での児童虐待相談対応件数」2013 年

　厚生労働省「子ども虐待による死亡事例等の検証結果（第 9 次報告の概要）及び児童虐待相談対応件数等」2013 年

　厚生労働省「平成 23 年度福祉行政報告例の概況」2012 年

　厚生労働省雇用均等・児童家庭局「児童相談所運営指針について」雇児発 0321 第 2 号、2012 年

　厚生労働統計協会「国民の福祉と介護の動向 2013 ／ 2014」2013 年

　坂井元「家庭支援にかかわる社会資源」小沢澤昇・田中利則・大塚良一編『家庭支援論』ミネルヴァ書房、2013 年、pp.139-145

　荘村明彦『児童福祉六法〔平成 25 年版〕』中央法規出版、2012 年

第9章 施設養護の基本的支援

谷村　和秀

第1節 社会的養護の基本的理念

1．人権尊重

　人権とは、「人間が人間として当然に持っている権利。基本的人権（大辞泉より）」という意味がある。しかし、現実における児童の社会的養護を必要とする子どもの多くは、入所以前の家庭生活で、暴力・暴言やネグレクト等の虐待によって、人間らしい関わりがされず、発達が保障されていないという現状がある。だから、子どもの発達が保障されるために、「子どもを守らなければならない」。そして、「子どもを大切に育てなければならない」のである。それでは、全ての子どもに関わる法律にはどのように人権の尊重がうたわれているかを確認しておく。

(1) 日本国憲法

　日本国憲法第13条では「すべて国民は、個人として尊重される。生命、自由及び幸福追求に対する国民の権利については、公共の福祉に反しない限り、立法その他の国政の上で、最大の尊重を必要とする」（幸福追求権）と述べられている。これは、全ての国民が人間の尊厳を保つにふさわしい生活を保障されているということである。

　また同法第25条には「すべて国民は、健康で文化的な最低限度の生活を営む権利を有する。②国は、すべての生活部面について、社会福祉、社会保障及び公衆衛生の向上及び増進に努めなければならない」とある。これは、全ての国民が心身ともに健康であり、勉強したり就労したりして幸せな生活を送る権利があるということであり、それに対して、国は国民の生存権保障と福祉の向上・増進を保障しなければならないことを明確化している。

（2）児童福祉法

児童福祉法の第1条では「すべて国民は、児童が心身ともに健やかに生まれ、且つ、育成されるよう努めなければならない。②すべて児童は、ひとしくその生活を保障され、愛護されなければならない」と述べられている。これは、国民には「子どもの保護者として」、また「社会の構成員として」という両方の意味があり、全ての子どもの生活や発達が平等に保障されるために、全ての国民が子どもを愛し、守っていかなければならないということである。また、同法第2条で、国および地方公共団体は、保護者とともに、子どもを心身ともに健やかに育成する責任を負うことが明記されている。

（3）児童憲章

児童憲章は、1951年5月5日の「こどもの日」に制定された、わが国初の子どもの権利に関する宣言である。これは、法とは別に国民の道義的規範として採択されたものであり、法的拘束力は伴わないものの、子どもに対する見方を国民に示したものである。前文と12項目の本文で構成されており、前文においては「児童は、人として尊ばれる」「児童は、社会の一員として重んぜられる」「児童は、よい環境のなかで育てられる」とうたっており、子どもを大人と同じように人間としての尊厳を有する社会の構成員として捉えている。

2．子どもの最善の利益のために

社会的養護の基本理念の一つに、「子どもの最善の利益のために」ということがある。「子どもの最善の利益」という言葉が具体的な権利として明記されたのは、1989年に国連総会で採択された「児童の権利に関する条約（子どもの権利条約）」である（わが国は1990年に署名、1994年に批准・公布）。この条約の精神が、わが国の子育て支援や全国保育士会倫理綱領などで用いられるようになった。ここでは、さまざまな条約や

倫理綱領から「子どもの最善の利益」について述べたい。

(1) 児童の権利に関する条約

児童の権利に関する条約の第3条で、「児童に関するすべての措置をとるに当たっては、……児童の最善の利益が主として考慮されるものとする」と規定されている。これは、子どもと関わりのあるあらゆる活動の是非は、それが「子どもの最善の利益」にかなうものかどうかで判断されなければならないということである。逆にまた、子どもの置かれた状態や、そこでの処遇のあり方が、明らかに子どもの最善の利益にかなうものではないと判断される場合には、その権利回復のための特別な措置がとられなければならないのであり、第20条は、そのことを次のように表現している。「一時的若しくは恒久的にその家庭環境を奪われた児童又は児童自身の最善の利益にかんがみその家庭環境にとどまることが認められない児童は、国が与える特別の保護及び援助を受ける権利を有する」。

(2) 全国保育士会倫理綱領

全国保育士会倫理綱領では、「子どもの最善の利益の尊重」について、「私たちは、一人ひとりの子どもの最善の利益を第一に考え、保育を通してその福祉を積極的に増進するよう努めます」と述べられている。これは、保育士の言動や判断は全て、一人ひとりの「子どもの最善の利益」の尊重に根ざすとともに、その実現を目的としていることをうたったものである。

特に重要なことは、①子どもの人権を守るための法的・制度的な裏づけとなる「児童福祉法」「児童憲章」「子どもの権利条約」等について理解すること、②子どもを取り巻く家庭や地域の環境を踏まえ、生まれてから成人に至るまでの発達を長期的視野で捉えながら、現在の福祉の増進を図っていくこと、③国籍や文化の違いを認め合い、互いに尊重する

姿勢を保育士等が全員で確認すること、である。
　子どもを集団として捉えるのではなく、一人の個として捉え、一人の人間として尊重し、子どもの立場で考え、子どもが主体的・意欲的に活動できるよう、一人ひとりの発達に応じた援助を通して心身ともに健やかに育つよう働きかけることを目指している。

(3) 乳児院倫理綱領および全国児童養護施設協議会倫理綱領

　乳児院倫理綱領では「最善の利益の追求」について、「私たちは、子どもたちによりそい、その思いを代弁するよう努めるとともに、一人ひとりの子どもの最善の利益を追求します」と記載されている。
　また、全国児童養護施設協議会倫理綱領では、「使命」の中で、「私たちは、子どもの意思を尊重しつつ、子どもの成長と発達を育み、自己実現と自立のために継続的な援助を保障する養育をおこない、子どもの最善の利益の実現をめざします」と記載されている。これらは、施設職員が一人ひとりの子どもの最善の利益を最優先に考え、24時間365日の生活を通して、子どもの自己実現と自立のために、専門性を持った養育を展開することを目指したものである。

3．社会全体で子どもを育む

　社会的養護のもう一つの基本理念として、「全ての子どもを社会全体で育む」ということがある。これは、保護者の適切な養育を受けられない子どもを、公的責任で社会的に保護・養育するとともに、養育に困難を抱える家庭への支援を行うものである。具体的には、子どもの健全育成は、児童福祉法第1条および第2条に定められているとおり、全ての国民の務めであるとともに、国および地方公共団体の責任であり、一人ひとりの国民と社会の理解・支援により行うものである。前述のとおり、児童の権利に関する条約第20条では、児童は権利の主体として、社会的養護を受ける権利を有していることが明記されているのである。

第2節 社会的養護の共通原理

　ここでは、社会的養護に関わる児童養護施設や里親制度による支援・養育の共通原理について述べる。以下の6つの原理に基づいて養育・支援を行っていくことが、子どもの健全育成を図るに当たって大切になってくる。

1．家庭的養護と個別化

　全ての子どもは、適切な養育環境で、安心して自分を委ねられる養育者によって、一人ひとりの個別的な状況に応じ、ニーズが十分に考慮されたうえで養育されるべきである。

　一人ひとりの子どもが「愛され大切にされている」と感じることができ、子どもの育ちが守られ、将来に希望が持てる生活の保障が必要である。また、社会的養護を必要とする子どもたちに「あたりまえの生活」を保障していくことが必要である。そのためには、子どもの生活の場をできる限りユニットケアや小舎制などの施設の人数を少数にし、できるだけ地域とつながりのある家庭あるいは家庭的な環境で養育する「家庭的養護」と、個々の子どもの育みを丁寧にきめ細かく進めていく「個別化」が必要である。

2．発達の保障と自立支援

　子ども期の全ては、その年齢・成長に応じた発達の課題を持ち、その後の成人期の人生に向けた準備の期間でもある。社会的養護は、未来の人生を切り開く基礎となるよう、子ども期の健全な心身の発達の保障を目指して行われる。特に、人生の基礎となる乳幼児期では、愛着関係や基本的な信頼関係の形成が重要である。子どもは、愛着関係や基本的な

信頼関係を基盤にして、自分や他者の存在を受け入れていくことができるようになる。自立に向けた生きる力の獲得も、健やかな身体的、精神的および社会的発達も、こうした基盤があって可能となる。

養育者は、子どもの自立や自己実現を目指して、子どもの主体的な活動を大切にするとともに、さまざまな生活体験などを通して、自立した社会生活に必要な基礎的な力を形成していくことが必要である。

3．回復を目指した支援

社会的養護を必要とする子どもに対しては、個々の子どもに応じた成長・発達の支援だけでなく、虐待体験や分離体験などのネガティブな経験からの癒やしや回復を目指した専門的ケアや心理的ケアなどの治療的な支援も必要となる。

また、近年増加している被虐待児童や、不適切な養育環境で過ごしてきた子どもたちは、虐待体験だけでなく、家族や親族、友達、近所の住人、保育士や教師など地域で慣れ親しんだ人々との分離なども経験しており、心の傷や深刻な生きづらさを抱えている。さらに、情緒や行動、自己認知・対人認知などでも深刻なダメージを受けていることも少なくない。

養育者は、社会的養護が必要な子どもたちが、安全・安心を感じられる環境で、一人の人間として大切にされる体験を積み重ね、信頼関係や自己肯定感（自尊心）を取り戻していけるようにしていくことが必要である。

4．家族との連携・協働

子どもにとっては、親や家族と暮らすことは「あたりまえの生活」である。しかし、保護者の不在、養育困難、さらに不適切な養育や虐待など、「安心して自分を委ねられる保護者」がいない子どもたちがいる。また、子どもを適切に養育することができず、悩みを抱えている親や配

偶者等による暴力（DV）などによって「適切な養育環境」を保てず、困難な状況に置かれている親子などがいる。

　社会的養護は、子どもや親の問題情況の解決や緩和を目指すために、その人たちの置かれている状況を的確に把握し、適切な対応をするため、親と共に、親を支えながら、あるいは親に代わって、子どもの発達や養育を保障していく包括的な取り組みである。

5．継続的支援と連携アプローチ

　社会的養護においては、施設入所前のアドミッションケアから、退所後のアフターケアまでの継続した支援と、できる限り特定の養育の養育者による一貫性のある養育が望まれている。

　社会的養護における養育は、「人との関わりを基にした営み」であり、子どもが歩んできた過去と現在、そして将来をより良くつないでいかなければならない。一人ひとりの子どもに提供される社会的養護の過程は、「つながりのある道筋」として、子ども自身にも明確で分かりやすいものであることが必要である。そこで、児童相談所等の行政機関、各種の施設、里親等のさまざまな社会的養護の担い手がそれぞれの専門性を発揮しながら巧みに連携し合って、一人ひとりの子どもにアプローチすることが求められる。

　また、社会的養護の担い手は、同時に複数で連携して支援に取り組んだり、支援を引き継いだり、あるいは元の支援主体が後々まで関わりを持つなど、それぞれの機能を有効に補い合い、重層的な連携を強化することによって、支援の一貫性・継続性・連続性というトータルなプロセスを確保していくことが求められる。

6．ライフサイクルを見通した支援

　養育者は、子どもたちが社会に出てからの暮らしを見通した支援を行うとともに、入所や委託を終えた後も長く関わりを持ち続け、帰属意識

を持つことができる存在になっていくことが重要である。

　社会的養護には、育てられる側であった子どもが親となり、今後は子どもを育てる側になっていくという世代をつないで繰り返されていく子育てのサイクルへの支援が求められている。特に、虐待や貧困の世代間連鎖を断ち切っていけるような支援が求められている。

第3節　子どもの権利擁護

1．子どもの尊重と最善の利益の考慮

（1）子どもを尊重した養育・支援

　養育者は、子どもを尊重した養育・支援についての基本姿勢を明示し、施設内で共通の理解を持つための取り組みを行うようにする。そのために、子どもの権利擁護に関する施設内外の研修に参加し、人権感覚を磨くことで、施設全体が権利擁護の姿勢を持つようにしたい。そして、子どもを尊重した姿勢を、個々の養育・支援の標準的な実施方法等に反映させなければならない。

（2）子どもの最善の利益のための養育・支援

　養育は、子どもの最善の利益を目指して行われることを職員が共通して理解し、日々の養育・支援において実践する。子どもの人権に配慮した養育・支援を行うために、職員一人ひとりが、倫理観、人間性ならびに職員としての職務および責任を理解し、自覚を持たなければならない。また、養育者の質の向上を図るため、職員一人ひとりが、養育実践や研修を通じて専門性を高めるとともに、養育実践や養育の内容に関する職員の共通理解や意見交換を図り、協働性を高めていく。さらに、職員どうしの信頼関係とともに、職員と子ども、および職員と保護者との信頼

関係を形成していく中で、常に自己研鑽に努め、喜びや意欲を持って養育・支援に当たる必要がある。養育者は、子どもの意向に沿うことが結果として子どもの利益につながらないこともあることを踏まえ、適切に導かなければならない。受容的・支持的な関わりを基本としながらも、養育者として伝えるべきメッセージは伝えるなど、子どもの状況に応じて適切な対応ができるよう、常に子どもの利益を考慮し真摯に向き合っていくようにする。

(3) 子どもの発達情況に合わせた養育・支援

子どもの発達に応じて、子ども自身の出生や生い立ち、家族の状況について、子どもに適切に知らせなければならない。これは、子どもが自己の生い立ちを知ることは、自己形成の視点から重要であるからである。そこで、子どもの発達等に応じて、可能な限り事実を伝えるようにする。また、家族の情報の中には子どもに知られたくない内容があることも考慮し、伝え方等は職員会議等で確認し、共有し、また児童相談所と連携するようにしたほうがよい。

(4) 子どものプライバシー保護

子どものプライバシー保護に関する規程・マニュアル等を施設内で整備し、職員に周知するための取り組みを行わなければならない。その内容として、通信、面会、生活場面等のプライバシー保護について、規程やマニュアル等の整備や設備面等の工夫などを行っていかなければならない。

(5) 子どもや保護者の思想・信教の自由の保障

養育者は、子どもの思想や宗教の自由については最大限に配慮し保障しなければならない。また、保護者の思想や宗教によってその子どもの権利が損なわれないよう配慮しなければならない。

2．子どもの意向への配慮

(1) 子どもの意向を踏まえた養育・支援

　養育者は、子どもの意向を把握する具体的なしくみを整備し、その結果を踏まえて、養育・支援の内容の改善に向けた取り組みを行う。そのために、日常的な会話の中での発言から子どもの意向をくみ取ったり、子どもの意向調査、個別の聴取等を行ったりして、改善課題の発見に努める。改善課題については、子どもの参画の下で検討会議等を設置し、改善に向けて具体的に取り組まなければならない。

(2) 共生の意識と生活改善

　養育者は、子どもとの共生の意識を持ち、子どもの意向を尊重しながら生活全般について共に考え、生活改善に向けて積極的に取り組むように心がける。そのために、生活全般について日常的に話し合う機会を確保し、生活改善に向けての取り組みを行い、生活日課は子どもとの話し合いを通じて策定する。

3．入所時の説明等

(1) 情報提供

　社会的養護に関わる施設は、子どもや保護者等に対して、養育・支援の内容を正しく理解できるような工夫を行い、情報提供しなければならない。そのために、施設の様子が分かりやすく紹介された印刷物等を作成し、希望があれば見学にも応じるなど、養育・支援の内容を正しく理解できるような工夫を行う。また、子どもや保護者等が、情報を簡単に入手できるような取り組みを行う。

(2) 入所時の説明

　入所時に、施設で定めた様式に基づき養育・支援の内容や施設での約

束事について、子どもや保護者等に分かりやすく説明しなければならない。そのために、入所時の子どもや保護者等への説明を施設が定めた様式に基づき行う。施設生活での規則、保護者等の面会や帰宅に関する約束事などについて、子どもや保護者等に分かりやすく説明する。未知の生活への不安を解消し、これからの生活に展望が持てるように分かりやすく説明している。

(3) 入所時の不安の解消

子どものそれまでの生活とのつながりを重視し、そこから分離されることに伴う不安を理解し受け止め、不安の解消を図らなければならない。そのために、入所の相談から施設での生活が始まるまで、子どもや保護者等への対応についての手順を定める。子どもと保護者等との関係性を踏まえて、分離に伴う不安を理解し受け止め、子どもの意向を尊重しながら今後のことについて説明する。入所の際には、温かみのある雰囲気の中で、子どもを迎えるよう準備する。

4．権利についての説明

養育者は子どもに対し、権利について正しく理解できるよう、分かりやすく説明しなければならない。そのために、権利ノートやそれに代わる資料を使用して施設生活の中で守られる権利について、随時分かりやすく説明する。また、子どもの状況に応じて、権利と義務・責任の関係について理解できるように説明する。

5．子どもが意見や苦情を述べやすい環境

(1) 子どもの意見表明

子どもが相談したり意見を述べたりしたいときに相談方法や相談相手を選択できる環境を整備し、子どもに伝えるための取り組みを行わなければならない。そのために、複数の相談方法や相談相手の中から自由に

選べることを分かりやすく説明した文書を作成・配布する。また、子どもや保護者等に十分に周知し、日常的に相談窓口を明確にしたうえで、内容を分かりやすい場所に掲示する。

(2) 苦情解決

　サービス提供者は苦情解決のしくみを確立し、子どもや保護者等に周知する取り組みを行うとともに、苦情解決のしくみを機能させる。そのために、サービス提供者は苦情解決の体制（苦情解決責任者の設置、苦情受け付け担当者の設置、第三者委員の設置）を整備する。また、苦情解決のしくみを文書で配布するとともに、分かりやすく説明したものを掲示する。さらに、子ども等からの意見や苦情等に対する対応マニュアルを整備し、迅速に対応する。子どもの希望に応えられない場合には、その理由を丁寧に説明する。

６．被措置児童等虐待対応

(1) 体罰の禁止

　養育者はいかなる場合においても、体罰や子どもの人格を辱めるような行為を行わないよう徹底する。そのために、就業規則等の規程に体罰等の禁止を明記し、子どもや保護者に対して体罰等の禁止を周知する。また、体罰等の起こりやすい状況や場面について、研修や話し合いを行い、体罰等を伴わない援助技術を職員に習得させなければならない。

(2) 関わりの防止と早期発見

　暴力、人格的辱め、心理的虐待などの不適切な関わりの防止について、具体的な例を示し、職員に徹底する。また、子ども間の暴力等を放置することも不適切な関わりであり、防止する。さらに、不適切な関わりを防止するため、日常的に会議等で取り上げ、行われていないことの確認や、職員体制の点検と改善を行う。子どもが自分自身を守るための知識、

具体的な方法について学習する機会を設ける。

7．他者の尊重

　さまざまな生活体験や多くの人たちとの触れ合いを通して、他者への心遣いや他者の立場に配慮する心が育まれるよう支援する。そのために、同年齢、上下の年齢などの人間関係を日常的に経験できる生活状況を用意し、人格の尊厳を理解し、自他の権利を尊重できる人間性を育成する。幼児や障害児など弱い立場にある仲間はもちろんのこと、共に暮らす仲間に対しては、思いやりの心を持って接するように支援する。

【引用・参考文献】
　植木信一「現代社会と児童福祉・家庭福祉の役割」植木信一編『児童や家庭に対する支援と児童・家庭福祉制度——児童・家庭福祉制度 児童・家庭福祉サービス』(社会福祉士シリーズ) 弘文社、2009年、pp.2-20
　厚生労働省「施設運営指針及び里親等養育指針について (概要)」2012年
　厚生労働省「児童養護施設運営指針」2012年
　堀尾輝久「最善の利益　子ども一人ひとりの興味・関心・利益」日本子どもを守る会編『子どもの権利条約——条約の具体化のために』草土文化、1995年、pp.20-23
　森泉摩洲子「養育・自立支援の基本的なありかた」相澤仁・柏女霊峰・澁谷昌史編『子どもの養育・支援の原理 社会的養護総論』(シリーズやさしくわかる社会的養護) 明石書店、2012年、pp.135-165

第10章

子どもの成長と小規模グループケア

平本　譲

第1節 子どもの成長と発達の保障

1．社会的養護における子どもの成長と発達

　子どもの成長・発達には特定の大人の存在が欠かせない。赤ちゃんはおなかがすいたり、眠くなったり、体調が優れないときに泣いて養育者を呼ぶ。そのサインに養育者が気づき、授乳をしたり、抱っこをしてくれたり、声を掛けてくれることで赤ちゃんは不安や苦痛が軽減され、安心感を覚えるのである。このような営みが繰り返される中で、子どもは心のよりどころを獲得し、成長していくことができる。このような行動を、ボウルビィ（Bowlby, John 1907～1990）はアタッチメント行動（愛着行動）と呼び、子どもの心に「信頼感」「安全感」「自尊感情」が形成されていくと指摘している。家庭で養育を受けることができないため社会的養護を必要とする子どもが安心して成長・発達できるよう、施設職員は専門性を持って日々関わっている。施設職員は個々の子どもの発達段階と状況を理解した個別の関わりを通して、関係形成に取り組んでいる。

（1）乳児期の発達

　乳児期の発達課題は、乳児と養育者の間に形成される基本的信頼が形成されることである。乳児がどのようなときにも養育者が自分のことを守ってくれる、助けてくれる存在として認識することができるようになることが重要である。このように、乳児が養育者に対して抱く感情をアタッチメントといい、乳児が発するさまざま行動やサインに対して養育者が適切に反応すること（大切に愛すること）でアタッチメントは育まれていくのである。また、このアタッチメントの形成が、子どもの人格の形成に大きな影響を与えるのである。養育者と子どもの間に安定した

アタッチメントが形成されることで、子どもは養育者を「安全な基地」として認識するようになり、新たな探索行動が開始され、物事に対して興味・関心を持つことができるようになるのである。しかし、養育者が適切に反応しなかったり、子どもに発達上の障害等の問題がある場合、不安定なアタッチメントが形成される可能性が生まれる。

(2) 幼児期の発達

　幼児期は、言語と運動の発達が著しいことが大きな特徴であり、友達などとの遊びを通じて他者との関係を学び、成長していく時期である。この時期の発達の課題は、自己調整力の獲得である。子どもがやりたいことを自己主張する時期であり、施設職員は、子どもの自尊心を大切にしながら自己主張を受け入れ、必要に応じて子どもが我慢できるよう支援することが大切である。施設職員が教える食事や排泄、着脱衣などの生活に必要な行動の定着と、遊びなどの行動に対して子どもが積極的に参加できるかどうかが重要なポイントとなる。施設職員は子どもをしっかり受容し、安心して生活できるように関わることが求められる。

(3) 児童期の発達

　児童期は、集団生活への適応が大きな課題である。小学校の時期が児童期に当たり、理解力が向上し、知識が蓄積されて、論理的思考が成長していく。学校における集団のほかに、友人関係が大切になる時期である。社会的養護を必要とする子どもには仲間との関係形成が苦手な子どもが多いので、施設職員は見守り、必要に応じてアドバイスをすることが求められる。また、家庭で養育されている子どもとの違いに劣等感を感じる子どももいることを理解した関わりがポイントとなる。

(4) 思春期・青年期の発達

　思春期は、子どもから大人へと変わっていく時期であり、心身ともに

大きく成長する時期である。「自分はいつまでも子どもではない」という思いから、施設職員に対して反抗を示す時期である（第二次反抗期）。学校や施設のルールを破るなどの逸脱行動が顕著に見られるようになるケースは珍しくない。そのような時期である中学・高校の時代を経て、やがて養育者から守られる関係から精神的に自立をしたいという欲求を持つ青年期へと成長していくのであり、それと同時に、自分自身を見つめるようになる。「自我」を意識し、「自分は誰なのか」ということ探求するアイデンティティの確立が青年期の発達課題である、とエリクソン（Erikson, Erik H. 1902〜1994）は指摘している。社会的養護を必要とする子どもの場合、高校卒業を機に社会へ出ていかなくてはならないという現実に不安を覚えることが多い。また、アイデンティティを確立したい欲求と同時に、離れて暮らす親との関係修復を願う子どもが少なくない。

2．社会的養護を必要とする子どもの発達の特徴

(1) 子どもの特徴と施設職員による支援

社会的養護は人為的な生活集団であり、家族のように自然発生的に生まれてきたものとは違う。施設に入所している全ての子どもは、自分の意志に反し他者によって、親から離されて生活しているのである。言い換えるならば、多くの施設に入所している子どもは、人間関係の破綻を経験しているのである。また、虐待をはじめ、さまざまな心の傷を負ってきた子どもが多く生活している場所である。だからこそ、自然に関係が生まれ、安心感が育っていく家族とは異なり、施設職員の意図的な働きかけによってこそ、安定した人間関係や信頼関係が生まれてくるのである。特に、乳児期に実の親との間に安定したアタッチメントを形成できない場合は、不安定な対人関係や、自尊心が育まれないといった問題を抱える可能性がある。それ故に、専門的教育を受けた施設職員を中心とした施設の生活支援体制が重要なのである。保育士、児童指導員の役割の違いを尊重し、チームワークのよくとれたケア体制を目指さなけれ

ばならない。

　厚生労働省が行った「児童養護施設入所児童等調査」(2008年)によると、社会的養護を必要とする子どもの施設入所理由は、母の養育の放任・怠惰、母の精神疾患、母の虐待・酷使、経済的理由、父の虐待・酷使、母の行方不明、母の入院、父母の離婚などが主な理由となっている。そして、養育者からの虐待の経験がある子どもは、児童養護施設に入所している子どもの53.4％、乳児院に入所している子どもの32.3％となっている。

　このような背景を持っている子どもは、養育者と安定した関係形成の経験が著しく不足していることが考えられる。困難な状況にあった子どもは強い不安とストレス状態に置かれており、子どもの成長・発達に悪い影響を与える可能性がある。その結果、養育者との関係において安心感を得られないまま成長することになり、特定の人との関係形成が困難になったり、他者を大切にすることが難しいばかりか、自分自身を傷つけるような行動をすることが見られる。このように、アタッチメントに問題があることを愛着障害と呼ぶ。特定のアタッチメント対象を持たない最重度のアタッチメントの問題を持つ子どもを反応性愛着障害といい、抑制型と脱抑制型に分類される。このような症状を持つ子どもに対しては、大人（施設職員）が、子どもの心の安定と成長のために、安定したアタッチメント形成を支援していく必要がある。そのためには、特定の大人とその大人をサポートする心理職や児童精神科医などがチームを形成して対処することが重要である。

(2) 社会的養護における人間関係の継続性の課題

　社会的養護を必要とする子どもたちについては、乳児院に入所する子どもの場合、生みの親とのスキンシップや十分なコミュニケーションがないまま入所するケースもあり、心のよりどころを施設職員に求める子どもが少なくない。乳児院では保育士を中心に、アタッチメントの再形成を目指した支援が行われている。しかし、子どもが満3歳になっても

生みの親の家庭に戻れない場合、児童養護施設への措置の変更が行われるケースが少なくないことから、ケアの連続性が遮断されるという問題が生じている。そのようなケースの場合、児童養護施設において施設の担当職員との個別的な関係形成を作り直すことが必要になる。児童養護施設(里親のケースも同様)においても、18歳を超えると措置が解除され、生活の自立をすることが求められる。20歳までの措置の延長が認められるようにはなっているが、同年代の子どもの多くが家庭にいることを考えると、社会的養護を必要とする子どもにとっての居場所を作ることや、その子どもに関わってきた施設職員との連続した関係を維持できるような体制作りも必要である。また、施設に入所している子どもの多くが親との交流を希望していることや、大人に対する強い不信感から、職員との愛着の再形成が困難なケースも少なくない。

3. 社会的養護を必要とする児童の成長・発達を保障する環境

実の親との間に安定したアタッチメントを形成できなかった子どもが少なくないことから、乳児院や児童養護施設においては、心理職や児童精神科医などの連携・協力と施設内の職員の体制作りが求められる。これを治療的養育と呼ぶ。このような治療的養育を行ううえでは子どもの個別化が重要であり、これまでの大きな生活単位である施設ケアでは、このような関わりが難しいことから、個別の関わりを実践している小規模ケアが求められるようになってきているのである。

第2節 社会的養護の小規模化と地域化

1. 社会的養護の生活形態の現状

児童養護施設は、子どもの生活形態の違いから、大舎制、中舎制、小

図表1　寮舎の形態と小規模ケアの形態　　（2012年3月1日現在）

保有施設数 (n=552)	寮舎の形態			小規模ケアの形態		
	大舎	中舎	小舎	小規模グループケア	地域小規模児童養護施設	その他グループホーム
2012年3月	280 (50.7)	147 (26.6)	226 (40.9)	312 (56.5)	136 (24.6)	32 (5.8)
2008年3月	370 (75.8)	95 (19.5)	114 (23.4)	212 (43.4)	111 (22.7)	55 (11.3)

（注）カッコ内は比率　　　　　　　　　　　　　　出典：[厚生労働省、2013]

舎制の3つに分類される。大舎制が280施設（50.7%）を占め、次に小舎制が226施設（40.9%）、中舎制が147施設（26.6%）である（**図表1**）。

①大舎制：子どもの生活する建物に20人以上が住んでいる。一部屋当たり5人〜8人、男女別・年齢別に分かれて生活をしている。子どもどうしがサポートし合いながらの共同生活がベースである。

②中舎制：子どもの生活する建物に13〜19人程度の子どもが生活している。建物の中をそれぞれのニーズに応じて区切りながら、小さな生活集団の場を作り、生活をしている。

③小舎制：子どもの生活する建物に12人程度までの子どもが生活している。施設の敷地内に独立した家が複数あるケース、大きな建物の中で生活単位を小さく区切るユニット形式のケースがある。生活の単位が小集団で、より家庭的な雰囲気の中での養育が行われている。

2．社会的養護の将来像としての小規模化の推進

社会的養護を必要とする子どもの背景に虐待やネグレクトといった問題があり、治療的養育を円滑に行うためにも施設ケアの小規模化は重要である。また、イギリスなどの欧州諸国、オーストラリアなどのオセアニア諸国、アメリカ、カナダなどの北米諸国においては「子どもの権利条約」にある「子どもが家族関係を保持する権利」（第8条）、「親から分離された子どもが、父母と定期的な交流や直接の接触を維持する権利」（第9条）を保証する制度が展開され、社会的養護を必要とする子どもにも積極的に適用している。そして里親の養育を中心とした「より家庭的

な環境」が保障され、治療が必要な子どもにはグループホームにおける治療的養育が行われている。2011年に、社会保障審議会児童部会社会的養護専門委員会が、社会的養護の今後のあり方について「社会的養護の課題と将来像の実現に向けて」を発表した。その中で社会的養護の整備量の将来像として、10年後には3分の1を里親およびファミリーホーム、3分の1をグループホーム、3分の1を本体施設（児童養護施設は全て小規模ケア）へとシフトするという提言を行った。さらに、厚生労働省は2012年7月に「家庭的養護の推進に向けた『都道府県推進計画』の作業等について」を出し、「児童養護施設、乳児院の小規模化・地域分散化を推進するための計画」として、2015年度からの15年間の計画の策定を各児童養護施設、乳児院は求められている。各施設は、小規模化・地域分散化へ向けて運営をシフトしていくことが喫緊の課題となっている。

(1) 児童養護施設における小規模化

児童養護施設については、児童養護施設の分園である小規模グループケアや地域小規模児童養護施設の推進を進めている。

①地域小規模児童養護施設

児童養護施設では子どもの早期の家庭復帰を通じた自立支援を目指しているが、地域小規模児童養護施設は、地域社会の民間住宅等を活用して近隣住民との適切な関係を保持しながら、家庭的な環境の中で生活体験を積むことにより、入所している子どもの社会的自立が促進されることを目的に2000年に作られた制度である。児童養護施設を運営している社会福祉法人に設置が認められ、対象は児童養護施設に入所している子どもである。実親が死亡していたり、行方不明の状況から長期にわたり家庭復帰が見込まれない子どもに対して、親に代わる施設職員が養育者となり、家庭的な環境において安定した人間関係の形成を目指した運営が行われている。

定員は6名、職員は3名（非常勤を含む）の配置となっている。この定

図表2 地域児童養護施設の小規模化実施数

年度	合計	1カ所実施	2カ所実施	3カ所以上実施
2006	118 (118)	118 (118)	－(－)	－(－)
2007	146 (146)	146 (146)	－(－)	－(－)
2008	171 (149)	・(・)	－(－)	－(－)
2009	190 (157)	131 (131)	44 (22)	15 (4)
2010	214 (173)	140 (140)	56 (28)	18 (5)
2011	232 (182)	141 (141)	68 (34)	23 (7)
2012	244 (185)	137 (137)	78 (39)	29 (9)

(注) カッコ内は施設数。
2007年度まで指定は1カ所のみ。2008年7月1日から複数設置が可能(2008年度は1施設当たりの実施箇所数の内訳調査なし)。

図表3 児童養護施設の小規模グループケア実施数

年度	合計	1カ所実施	2カ所実施	3カ所実施	4カ所実施	5カ所実施	6カ所実施
2006	284 (284)	284 (284)	－(－)	－(－)	－(－)	－(－)	－(－)
2007	315 (315)	315 (315)	－(－)	－(－)	－(－)	－(－)	－(－)
2008	395 (333)	271 (271)	124 (62)	－(－)	－(－)	－(－)	－(－)
2009	403 (318)	233 (233)	170 (85)	－(－)	－(－)	－(－)	－(－)
2010	459 (335)	222 (222)	204 (102)	33 (11)	－(－)	－(－)	－(－)
2011	559 (357)	197 (197)	278 (139)	33 (11)	8 (2)	25 (5)	18 (3)
2012	686 (369)	177 (177)	280 (140)	57 (19)	44 (11)	20 (4)	108 (18)

図表4 乳児院の小規模グループケア実施数

年度	合計	1カ所実施	2カ所実施	3カ所実施	4カ所実施	5カ所実施	6カ所実施
2006	29 (29)	29 (29)	－(－)	－(－)	－(－)	－(－)	－(－)
2007	33 (33)	33 (33)	－(－)	－(－)	－(－)	－(－)	－(－)
2008	39 (38)	37 (37)	2 (1)	－(－)	－(－)	－(－)	－(－)
2009	46 (40)	34 (34)	12 (6)	－(－)	－(－)	－(－)	－(－)
2010	58 (49)	40 (40)	18 (9)	0 (0)	－(－)	－(－)	－(－)
2011	74 (55)	37 (37)	34 (17)	3 (1)	0 (0)	0 (0)	0 (0)
2012	90 (58)	33 (33)	42 (21)	6 (2)	4 (1)	5 (1)	0 (0)

(注) カッコ内は施設数。
2007年度まで指定は1カ所のみ。2008、2009年度は2カ所、2010年度は3カ所、2011年度からは6カ所まで指定が可能(2012年度は予定数)。
出典(図表2～4):家庭福祉施策関係事業実施状況調査

員については、本体施設の定員とは別となっている(図表2)。

②小規模グループケア

虐待や養育放棄といった体験を持つ子どもの入所が増えている中、安定した対人関係の形成が難しい子どもや、愛着障害を起こしている子どものケアを行っていくためには、これまでの大きな集団による養育の限界が指摘されている。より家庭的な環境の中、職員との個別な関係を重

視した支援が期待されている。小規模グループケアは2004年に事業が創設されたが、当初は児童養護施設の生活単位を小さくしたケアを実施することが主な目的であり、施設内の敷地に建物を建築して対応してきた。2011年度より、各施設が6カ所まで実施できるようになり、地域社会においても開設できるようになったことで、2012年度には全国369の施設において686カ所の小規模グループケアが実施されており、今後さらに増える見込みである。小規模グループケアは定員が6名以上8名以下と規定され、本体施設の定員の中で子どもを配置できることから、弾力的な運用を行うことができるのが特徴である（図表3）。

(2) 乳児院における小規模化

乳児院も児童養護施設同様、愛着形成の必要な個別的関わりが求められる子どもの入所が増えていることから、小規模ケアが重要視されている。2005年度より小規模グループケアの制度が乳児院にも適用されることになり、2006年度は29施設29カ所であったが、2012年度は58施設90カ所の小規模グループケアが実施されるまでに拡大している。

乳児院においても個別ケアを充実し、安定的な愛着形成が行われていくことが期待される（図表4）。

第3節　小規模ケアのこれから

1．小規模ケア制度の拡大と質的充実

小規模ケアを必要とする子どもの増加に伴い、小規模ケア制度の推進は、乳児院、児童養護施設にとって大きな課題となっている。厚生労働省は2011年に出された「社会的養護の課題と将来像の実現に向けて」を土台とする社会的養護の再編を進めている。児童養護施設や乳児院の小

規模化・地域化は、施設機能を縮小するのではなく、その機能を地域分散化し地域支援を充実していくことで施設の役割が大きくなるとされている。施設の小規模化と地域化は、子どもにとって「あたりまえの生活」を保証するという、欧米・オセアニアにおいて進められてきたノーマライゼーションの実現へ向け大きな前進となることが期待される。厚生労働省は小規模ケアの拡充を進めているが、小規模ケアの数の確保が重要なのではなく、それによって、より質の高いケアが確保されることが大切なのである。そのためには都道府県、市町村という地方自治体の協力と地域住民の理解も大切である。これまで施設は、地域社会とは一線を画してきた傾向があるが、これからの社会的養護は社会からの理解と支援が不可欠であり、社会が子どもを育てるという意識も必要である。

2．小規模ケアを担う人材の育成

　小規模ケアが必要な子どもにとって、児童養護施設、乳児院の小規模ケアの推進は重要である。小規模ケアを担う施設職員にとっても、担当する子どもとしっかりと向き合うことができるので、やりがいになる。しかし職員の負担は、本体施設では複数の職員によるグループケアであるが、小規模ケアにおいては職員の一人勤務の時間が長く、給食・調理、掃除・洗濯といった生活全般の支援、地域や子どもの学校関係との連絡調整、子どもの家族への対応、子どもの心的ケア、事務金銭管理等の業務といった多種多様な業務をこなすことが求められている。また、小規模ケアのホームでの状況が本体施設の職員には伝わりにくいこともあり、孤立感を職員が感じることも少なくない。

　このように小規模施設では、そのケアを担う人材である職員の養成については課題が山積していることから、人材育成は重要である。研修会や施設内でのケース会議を開くこと、職員に対する研修やレスパイトなどのサポート体制作りが、小規模ケアの運営には欠かすことができない。小規模ケアを担う人材育成への取り組みへの充実が期待される。

3. 小規模グループケア体制の充実へ向けて

　社会的養護が必要な子どもにとって、より家庭的な雰囲気で安定した生活が送ることができることを保証していくことが、これからはより重要になる。戦災孤児対策としての「保護・収容」から、「個別ケア」の充実への転換が図られようとしている。

　欧米諸国においては、社会的養護を必要とする子どもに対し、大人との関係を永続的に維持していくことを子どもに保障するという考えが定着している。社会的養護を必要とする子どもの成長と発達を保障し支えていくためには、このような長期的なスパンで社会的養護の子どもをサポートしていく体制が必要である。

【引用・参考文献】

相澤仁編集代表『子どもの発達・アセスメントと養育・支援プラン』(やさしくわかる社会的養護シリーズ3) 明石書店、2013年

エリクソン, E.H. (仁科弥生訳)『幼児期と社会Ⅰ』みすず書房、1977年

厚生労働省「平成24年度社会的養護施設に関する実態調査」2013年

厚生労働省雇用機会均等・児童家庭局「児童養護施設等の小規模化と家庭的養護の推進について」2012年

社会保障審議会児童部会社会的養護専門委員会とりまとめ「児童養護施設等の小規模化及び家庭的養護の推進のために」2012年

ヘネシー・澄子『気になる子 理解できる ケアできる』(子育てサポートブックス) 学習研究社、2006年

ボウルビィ, J. (黒田実郎・大羽蓁・岡田洋子・黒田聖一訳)『母子関係の理論Ⅰ 愛着行動〔新版〕』岩崎学術出版社、1991年

山縣文治・林浩康編著『社会的養護の現状と近未来』明石書店、2007年

第11章

施設養護のソーシャルワーク

武藤　大司

第1節 施設養護とソーシャルワーク

1．ソーシャルワーク

　ソーシャルワークとは、社会福祉専門職が行う活動の総称であり、相談援助を含む幅広い活動を指す。ソーシャルワークの定義については国際ソーシャルワーカー連盟（IFSW）に見る定義を国際基準と捉え、以下紹介する。

> **国際ソーシャルワーカー連盟によるソーシャルワーカーの定義**
> 　ソーシャルワーク専門職は、人間の福利（ウェルビーイング）の増進を目指して、社会の変革を進め、人間関係における問題解決を図り、人びとのエンパワーメントと解放を促していく。ソーシャルワークは、人間の行動と社会システムに関する理論を利用して、人びとがその環境と相互に影響し合う接点に介入する。人権と社会正義の原理は、ソーシャルワークの拠り所とする基盤である。

　つまり、ソーシャルワークは、人と環境について全体的に捉え、さまざまな価値・知識・技術を駆使して活動を行うことを指す。
　また、ソーシャルワークの解説部分では、次のように広範囲にわたる機関やさまざまなな方法が列挙されている。

> **国際ソーシャルワーカー連盟によるソーシャルワーカーの介入の範囲**
> 　主として個人に焦点を置いた心理社会的プロセスから社会政策、社会計画および社会開発への参画にまで及ぶ。この中には、人びとがコミュニティの中でサービスや社会資源を利用できるように援助する努力だけでなく、カウンセリング、臨床ソーシャルワーク、グループワーク、社会教育ワークおよび家族への援助や家族療法までも含まれる。ソーシャルワークの介入には、さらに、施設機関の運営、コミュニティ・オーガニゼーション、社会政策および経済開発に影響を及ぼす社会的・政治的活動に携わることも含まれる。

図表1　ソーシャルワーカーの主要な機能

クライエントの問題解決能力や環境への対処能力を強化するための機能	①側面的援助機能 ②代弁機能 ③直接処遇機能 ④教育機能 ⑤保護機能
クライエントと必要な社会資源との関係構築・調整のための機能	①仲介機能 ②調停機能 ③ケア（ケース）マネジメント機能
機関や施設の効果的な運営や相互の連携を促進するための機能	①管理・運営機能 ②スーパービジョン機能（連携）機能
制度や施策の改善・発展、または社会全体の変革を促すための機能	①代弁・社会変革機能 ②組織化機能 ③調査・計画機能

出典：［日本社会福祉士会、2009］

　さらに、ソーシャルワーカーにおける機能面を検討することにより、ソーシャルワークをより具体的に捉えることもできるだろう。ソーシャルワーカーの主要な機能としては、**図表1**のように4つに分類できる。

2．レジデンシャル・ソーシャルワーク

　ソーシャルワークは、地域での相談機関等で実施されている地域の社会資源を調整することによって利用者支援を行うフィールド・ソーシャルワークと、後述するレジデンシャル・ソーシャルワークに大別できる。レジデンスとは「住む場所・暮らす場所」という意味であり、転じて施設（特に入所施設）を指すことから、レジデンシャル・ソーシャルワークとは、施設（特に入所施設）におけるソーシャルワークのことを指している。社会的養護に関わる施設（以下、「社会的養護施設」と略す）はその大半が入所施設であることから、社会的養護施設におけるソーシャルワークはレジデンシャル・ソーシャルワークと言える。

　レジデンシャル・ソーシャルワークの主な特質として、子どもたち個人を対象とした直接的な支援が中核であることには疑いないが、分類についてはまだ学術的な論議が少なく、いまだ確定的ではない。本章ではレジデンシャル・ソーシャルワークの主な特質として、以下の5つに分

類しておきたい。

　①主に個人を対象としたケースワークおよびケアワーク
　②主に集団（グループ）を対象としたグループワーク
　③主に個人の生活と地域社会を対象としたコミュニティワーク
　④主に家族を対象としたファミリーソーシャルワーク
　⑤主に職員や施設を対象としたソーシャル・アドミニストレーション

3．ジェネラリスト・ソーシャルワーク

　ソーシャルワークにおいて、従前は社会福祉援助技術という名称を用いて、直接援助技術・間接援助技術・関連援助技術の3つに大別し、そのうち直接援助技術としては、個別援助技術（ケースワーク）と集団援助技術（グループワーク）に、間接援助技術としては、地域援助技術（コミュニティワーク）等として分化していた。

　しかしその後、複雑化・深刻化するクライエントの生活問題に向き合うために、総合的かつ包括的なアプローチとしてジェネラリスト・ソーシャルワークという考え方が生まれてきた。それは、個人・集団・地域をそれぞれ分断的に捉えるのではなく、クライエントとその環境（人やグループ、組織、地域等）との相互性として捉え、総合的かつ包括的に支援を行うものである。

第2節　施設養護に求められる援助技術

1．主に個人を対象とした援助技術

（1）ケースワークの原則

ケースワークにおける代表的な原則として、バイステックの7原則がある（図表2）。1957年にバイステックがケースワークにおける7原則を

図表2　バイステックの7原則

①個別化の原則	ソーシャルワーカーはクライエントを個人として捉え、援助の際個々のクライエントに合った援助方法を使い分ける。
②意図的な感情表出の原則	クライエントはさまざまな感情を表現したいという欲求があるため、ソーシャルワーカーはその感情表出を促すことも必要である。
③制御された情緒関与の原則	ソーシャルワーカーはクライエントの感情を受け止めつつ、自身の内面に生じている反応を自覚し、吟味する必要がある。
④受容の原則	ソーシャルワーカーはクライエントのありのままの姿（好感を持てる態度と持てない態度、肯定的感情と否定的感情、建設的な行動と破壊的な行動等）を（容認するのではなく）現実として受け止め、関わっていく。
⑤非審判的態度の原則	ソーシャルワーカーはクライエントの問題やニーズに対してどれくらいの責任があるかなどを判断せず、クライエントを一方的に非難しない。
⑥自己決定の原則	ソーシャルワーカーはクライエント自身が選択し、決定する自由と権利、ニーズを具体的に認識し、クライエントの自己決定を促して尊重する。
⑦秘密保持の原則	クライエントが援助関係の中で打ち明ける他人に知られたくない情報を、ソーシャルワーカーはきちんと保全しなければならない。

出典：[バイステック、2008] を基に一部修正

提唱して以来、半世紀以上経過した現在においても引き継がれており、バイステックの7原則を決して観念的なものとして捉えず、ケースワーク実践における日々の振り返りとして役立ててほしい。

(2) 日常生活支援

　施設養護では、なんらかの事情で保護者や家族といっしょに暮らすことができない子どもたちが集団生活していることから、家庭の代替機能を有している。施設養護における主な業務は、保育士や児童指導員という直接的に支援する専門職が行っている。家庭的な温もりに接する機会が少なかった子どもたちに対しては、例えば起床時に交わされる「おはよう」というなにげない笑顔での挨拶、食事での「今日の夕食、いっしょに作ってくれたからおいしいね」という会話、天日干しした後の布団で寝るときの幸せな感覚等、平凡でありふれた日常生活の中での家庭的な温もりや安心感はとても貴重なものであり、家事全般を通して体感させてあげたい。

　また、友人等との人間関係で悩むこともあり、親身になって悩みを受

け止め、精神的な支えとなってくれる存在が必要である。保護者となんらかの事情で離れて暮らしていることから、場合によっては「（親に）捨てられた」との感情を抱き、人に対して信頼関係を築くことが難しい子どもも少なくない。このような場合には、日常生活の中で時間をかけて信頼関係を構築する取り組みが重要である。

施設養護における日常生活支援は、個別的に将来を見据え、社会に出ていく時に備えた自立支援や自己実現といった視点が重要となる。

(3) 心理・治療教育

近年、児童養護施設に入所してくる子どものうち約半数は虐待を受けており、またなんらかの障害を有する子どもも増加してきている。それらの子どもたちは自己否定感が強く、自尊感情が芽生えずに育っていることが少なくない。また、障害を有する場合については、早期療育という言葉があるように、早めの治療教育（療育）も必要な場合がある。

このような場合、医師、理学療法士、作業療法士、言語聴覚士、臨床心理士、教員等の専門的ケアの他、児童指導員や保育士による日常的なケアも重要となってくる。

2．主に集団を対象とした援助技術

施設養護の特徴は、家庭とは異なった形で他人どうしが集団で暮らしていることである。集団生活の利点としては、人間関係の形成や社会性の向上、集団に働く心理的な力（グループダイナミクス）を活用したグループワークが可能な点である。

グループワークとは、集団を通してそこに参加するメンバーが具体的な活動を作り出し、共に参加しながら、個人・グループ・地域社会の諸問題を解決するために必要な力を育む場として機能する援助過程を指す。グループワークの例としては、性教育・SST（社会技能訓練）等の学習会、音楽活動、保育サロン、親・兄弟姉妹の会等が挙げられる。

図表3　グループの発展過程

①準備期	ソーシャルワーカーが計画を立て、メンバー募集を行い、グループが始められるまで。
②開始期	最初の集会に初めてメンバーどうしが顔を合わせてグループが始まる。
③作業期	グループが目標達成に向かってメンバーの課題達成や問題解決に取り組み、明確な成果を出そうとする。
④終結期	グループの目的を達成し、グループの存在理由がなくなってグループが終了する。

出典：［保田井ほか、1999］を基に一部修正

　グループの発展過程としては、必ずしも一直線に向かって進んでいくものではなく、進展して充実しているかと思えば、急に後退したり衰退したりして、さまざまな様相を呈するが、おおむね図表3のような発展過程をたどることになり、ソーシャルワーカーは、それぞれの発展過程に応じて必要な援助を行っていく。

3．家族を対象とした援助技術

　家族の構成員としての個人だけでなく、全体としての家族、つまり家庭そのものに着目して働きかけを行う援助技術をファミリー・ソーシャルワークという。家族機能の縮小による弱体化等によって、解決困難な生活課題を抱える家庭が増加する等の社会的背景により、近年重要視されている援助技術である。

　「父親は激務の仕事と妻の家庭介護の両方に追われて精神的な余裕がなく、母親には重度身体障害があり、なおかつ発達の気になる乳児がいる家庭」「父親がリストラで無職となり、子どもが発達障害のために夫婦関係が不仲で育児方針が対立し、子どもが不登校になっている家庭」等が、ファミリー・ソーシャルワークの必要な事例として挙げられる。

4．個人の生活と地域社会を対象とした援助技術

　コミュニティワークとは、地域社会で住民が主体となり、福祉の増進を目的として行われる地域組織化活動（コミュニティ・オーガニゼーショ

ン）に代表される援助技術を指す。具体的には、地域の診断、組織化の方法、社会資源の開発等が挙げられるが、個人が集まることで集団（グループ）となり、地域社会（コミュニティ）が形成されるという一連の流れがあることも忘れてはならないだろう。

実際の展開例として、障害者分野における地域自立支援協議会では、一人の利用者の個別支援計画を手に連携を行い、個々のニーズの積み上げから地域全体のニーズが集約されることで、不足している社会資源が整理され、それらを社会資源開発につなげていくといった事例がある。

5．職員や施設における運営管理

社会福祉運営管理（ソーシャル・アドミニストレーション）は、社会福祉政策、社会福祉行政、社会福祉施設の経営や運営管理、職員の人材育成や健康管理等の社会福祉活動全般に及ぶ。

施設の運営管理は、児童福祉法第45条により、児童福祉施設の設備及び運営に関する基準（児童福祉施設最低基準）を超える水準を維持しなければならない。具体的には、建物の構造設備等のハード面はもちろん、職員の技能向上や苦情対応等のソフト面に関する基準をも超えた形で運営していかなければならない。

運営管理といえば、管理職固有の業務だと思われがちであるが、現場の保育士や児童指導員等による質の高い日常的な支援が前提であり、現場職による絶え間ない積み重ねこそが最も重要なのである。

6．支援の計画

(1) ケアマネジメント手法としての支援計画の必要性

高齢者・障害者福祉におけるケアマネジメント手法の導入に続き、児童家庭福祉においても、1997年児童福祉施設に児童自立支援計画の作成が通知され、2004年にはより高度な専門性を必要とするケースを担当する児童福祉施設や児童相談所に対して支援計画の作成が義務化されるよ

うになった。このことは、「ＥＢＰ：Evidence-based practice（根拠に基づいた実践）」として、ケアマネジメント手法を用いた根拠性のある支援法へと変化してきていることを意味している。

　個別支援計画を作成するに当たっては、子ども自身が主体的に人生を送るための計画であることから、子ども本人とのやり取りの中で生み出されたものでなければならない。また担当職員だけでなく、保護者や各専門職、関係機関が参加した形で検討されることが必要である。このことをチームアプローチという。

(2) 支援計画の流れ

　社会的養護施設における支援の流れを説明すると、おおむね次のようなプロセスをたどることとなる。

　①施設入所時の支援（アドミッションケア）
　②施設内で行われる基本的な日常生活支援（インケア）
　③施設から地域・家庭へ移行するための支援（リービングケア）
　④施設退所後の生活支援（アフターケア）

　支援計画の内容としては、主に②と③に相当するが、①や④についても個別支援計画作成時には留意してもらいたい。

　また、社会的養護施設における支援の流れをソーシャルワークの支援過程で見た場合、おおむね次のようなプロセスをたどることになる。

　①ケースの発見・利用契約を前提とした面接（インテーク）
　②課題分析・事前評価（アセスメント）
　③個別支援計画の作成（プランニング）
　④介入・支援の実施（インターベンション）
　⑤状況変化の観察（モニタリング）
　⑥事後評価（エバリュエーション）
　⑦支援計画の修正（リプランニング）
　⑧終結および終結後の再モニタリング

（必要に応じて循環する）

第3節 各専門職や関係機関との連携

1. 施設内における各専門職との連携

　社会的養護施設においては、その専門性からさまざまな職種が直接または間接的に子どもたちの支援に当たっている。例えば児童養護施設の場合、児童指導員、医師、保育士、家庭支援専門相談員、栄養士、調理員、事務職員等が配置されており、情緒障害児短期治療施設ではそれらに加えて心理療法を担当する職員が配置されている。

　保育士や児童指導員等の直接支援業務に携わっている職員は、施設内に占める職員数のうえでも最も多く、同職種間での情報共有においては、朝夕の引き継ぎ業務、ミーティングや職員会議等に加えて、業務日誌やケース記録等の文書での情報共有も見られ、活発に取り組まれている。また他職種間の連携では、さまざまな専門職間のいわゆる横の関係やつながりを大切にしながら、チームアプローチでもって利用者支援を行うことが重要である。その際、専門職特有の視点の違い等から、専門職間における意見の相違も生じやすいが、それらの視点の違いこそが大切である。

　連携の良い例としては、魚嫌いの子どもへの支援として、保育士、栄養士、調理員の連携の中でさまざまなアイデアを出した結果、魚のほぐし身を再度食器内にかわいらしい魚の形に整えるといったアイデアが保育士から出され、調理員がそのひと手間をかけたおかげで、子どもは大いに喜んで食べ、魚料理を楽しみに待つようになった、という例もある。

　それぞれの専門職が大切にしている視点をお互い理解し合い、協働することが、より良い利用者支援には欠かせない。

2．施設外における各専門職・関係機関との連携

　子どもや家庭を取り巻く環境が多様化し、また複雑化している現代社会において、社会的養護施設を利用している子どもやその家庭の有する問題も多様化・複雑化し、複合的な問題を有している場合が少なくない。それらの生活上の問題に向き合うには、単一施設内で解決できる問題ではなく、必要に応じて関係機関との連携を図らなくてはならない。

　関係機関の主なものとしては、児童相談所、児童家庭支援センター、保健所、保健センター、児童福祉施設等の社会福祉施設、保育所、幼稚園、学校、警察、消防署、家庭裁判所、保護観察所、法テラス、弁護士事務所等があり、要保護児童対策地域協議会という調整機関や児童委員、主任児童委員といった民間ボランティアもある。

　関係機関との連携の例としては、児童養護施設に子がいる場合、父親は薬物使用により刑務所入所中で、母親は精神障害のために障害者施策で地域活動支援センターを利用しているというようなケースでは、上記関係機関のうち、かなり多くの機関との連携が必要になってくる。

　それぞれの専門機関との連携により、子どもだけでなく、子どもを取り巻く環境整備にも努めていきたい。

【引用・参考文献】

　岩間伸之・白澤政和・福山和女編著『ソーシャルワークの理論と方法Ⅰ』
　　（MINERVA 社会福祉士養成テキストブック３）ミネルヴァ書房、2010年
　北川清一『児童養護施設のソーシャルワークと家族支援』明石書店、2010年
　社団法人日本社会福祉士会編『新 社会福祉援助の共通基盤〈上〉〔第２版〕』
　　中央法規出版、2009年

庄司順一・鈴木力・宮島清編著『施設養護実践とその内容』（社会的養護シリーズ２）福村出版、2011年

F・P・バイステック（尾崎新・福田俊子・原田和幸訳）『ケースワークの原則——援助関係を形成する技法〔新訳改訂版〕』誠信書房、2006年

橋本好市・直島正樹編著『保育実践に求められるソーシャルワーク』ミネルヴァ書房、2012年

保田井進・硯川眞旬・黒木保博編著『福祉グループワークの理論と実際』（MINERVA福祉専門職セミナー5）ミネルヴァ書房、1999年

第12章
子どもと家族の支援

千葉　茂明

第1節 子どもと家族再統合の意義

1. 子どもの心の声に応える支援

　親のいない子どもや長期にわたる社会的養護の支援が必要とされる子どもがいる一方、それ以外の親が存在している子どもや里親制度を好まない保護者・子どものために、地域の中で家庭的に暮らせる里親制度の活用が求められているが、里親になじまない子どもにとって、施設養護の存在は大切である。

　社会的養護の中で暮らす子どもの約9割に親の存在があり、現在の施設養護は親と無関係に支援することはできない。むしろ親のエンパワーメント（empowerment）を積極的に活用した取り組みが求められている。子どもにとって親の存在は大きく、再び親や家族といっしょに暮らすことを望まない子どもはいない。たとえどんなに重篤な虐待を受けたとしても、親を無視することはできない。どの子にも、親が優しくなり愛してくれるようになっていっしょに住みたいという子どもの心の声（アドボカシー；advocacy）があり、その声に応えていくことは、今日の社会的養護の使命である。

　親子は血のつながりだけで親子になれるわけではなく、同じ空間で、同じ出来事、同じ体験、同じ時間を長年にわたり積み重ね、同じ家族歴を共有することで、より強い親子のきずなに成長するのである。しかし、施設はその親子の家族歴の共有を喪失させる存在になることがある。特に、乳幼児から思春期が終わるまでの重要な時期に、長期に親子が離れて暮らすと、後に問題を残すことがある。

　また、児童福祉法の対象年齢が18歳未満であることは、年齢緩和により特別な事情があれば20歳未満までの措置が認められているにしても、

いずれは施設を出なければならない。しかし施設入所後、子どもとその家族問題の解決を図ることに積極的でなければ、入所時の子どもと家族の問題は残り、その解決は当事者当任せという無責任な結果となる。

　法によって家族と引き離さざるを得なかった子どもは、法によってできるだけ早期に家族再統合を実現できるように問題解決に取り組むべきである。なぜなら、子どもにとって施設入所は問題の終わりではなく始まりである。問題のある所から子どもを引き離すことは一時的に解決を見るが、真の解決は至らない。そのため、子どもが施設で暮らさざるを得ない原因に積極的にアプローチして解決していかなければならない。

2. ファミリーソーシャルワークの定義

　わが国の社会福祉は、縦割り行政の影響と支援の効率の点から、これまで、児童福祉、高齢者福祉、障害者福祉といった対象者別による縦割りの援助が行われてきた。要保護児童の支援においても同じく、崩壊家庭や問題家族から切り離して、子どもだけを保護し、家族問題は他の機関に任された。しかし、子どもと家族は本来切り離して支援されるべきものではなく包括して支援されるべきである。

　ファミリーソーシャルワークはこうした視点に立って、家族メンバーを家族から切り離すことなく、常に子どもを家族の一員として捉え、既成の分野を越えて横断的に関わり、家族全体への援助を通して、また家族自身が主体的に問題の解決あるいは維持・向上を図り、子どもが再び本来の家族のもとで、愛され安心して育まれて生活できるように図る働きである。つまり、「児童養護施設におけるファミリーソーシャルワークとは、親子再統合における解決すべき問題・課題をアセスメントし、支援計画に基づき、施設支援と地域支援ネットワークを組織化し調整して、フォーマルおよびインフォーマルなサービスに家族のエンパワーメントを組み合わせ、親子再統合を実現するものである」と定義することができる。

2004年4月、厚生労働省雇用均等・児童家庭局長通知「乳児院等における早期家庭復帰等の支援体制の強化について」により、乳児院、児童養護施設に家庭支援専門相談員（以下「ファミリーソーシャルワーカー：family social worker」）が配置された。これにより、子どもと家族の再統合が積極的に推進されることとなった。

3．子ども・家族支援の視点

　家族の支援を考えるとき、家族は一つとして同じものはなく、多様な価値観と形態の中で形成されている。また、家族が抱える問題もさまざまな要因が重なり合い多問題化している。特に家族支援は、ほとんど問題が起こった後から支援が開始されるため、問題の背景や要因、さらにその経緯を遡って把握することから始めなくてはならない。また、家族支援は、家族の何を支援するのかということも考えなくてはならない。

　家族の何を支援するかと考える際には、家族機能に視点を置くことが重要である。家族問題の多くは、この機能がなんらかの事由により働かなくなることから発生していると捉え、可能な限り機能が阻害されてきた要因と経緯を把握し、アセスメント（assessment）を行い計画的に解決していくことが求められる。特に、本来家族が持っているエンパワーメントに期待し働きかけ、家族自身が主体的に自立していくように支援することが大切である。

　そのためには、家族機能を理解することが大切である。多くの学者が家族機能について述べているが、ここでは家族機能を、**図表１**に示した10の機能として考える。⑩のその他の機能は、家族はそれぞれ独自の特色を持って形成しており、それらの個別の機能を意味している。しかし、これらの全てを支援する必要はなく、プライベートな機能もあり第三者が関わることが不適切な場合がある。そのため、①愛情的機能、②慰安的機能、③教育的機能、④家事的機能（衣食住を含めた機能）、⑤経済的機能に、⑩その他の機能を加えた6機能を、支援の対象として捉えるこ

図表1　児童養護施設の専門機能体系

[家族機能]
① 愛情的　② 慰安的
③ 教育的　④ 家事的〔衣食住等の保障〕
⑤ 経済的　⑥ 性的
⑦ 生殖的　⑧ 身分的
⑨ 宗教的　⑩ その他

ファミリーソーシャルワークの家族アプローチ

支援対象6機能
① 愛情的
② 慰安的
③ 教育的
④ 家事的〔衣食住等の保障〕
⑤ 経済的
⑥ その他

[家族を形成する要素]
Ⅰ 親業を形成する要素
① 成育史　② 人生観　③ 家族観　④ 夫婦感
⑤ 育児知識・技術　⑥ 環境
Ⅱ 家族に影響を与える環境
① 親族　② 地域　③ 職場　④ 友人
⑤ 家屋　⑥ その他

(筆者作成)

とにする。

　家族によって、家族機能の違いを生み出す最も大きな要因は親である。有効な支援につなげていくには、家族を形成している要因を理解することが大切であり、家族の問題を正確にアセスメントするうえで重要である。また図表1は、家族を理解していくための視点として「家族を形成する要素」を、「Ⅰ親業を形成する要素」と「Ⅱ家族に影響を与える環境」から見ていくことを表している。これらの要素の一つ一つが家族の個性となり、家族の10機能を形成している。家族支援を効果的に進めるには、まず「家族を形成する要素」を理解することによって、支援対象の6機能の形成が理解でき、家族機能を阻害する要因も見つけやすくなる。

　家族支援は、家族機能を弱体化に至らしめている阻害要因の一つ一つを解決していく作業となる。そのために、家族機能の脆弱状況の要因を正確にアセスメントし、家族自身が自らの問題を認識し、家族と協働しながら確実に解決に至る支援計画を立てることが求められる。

第2節 子ども・家族支援のプロセスとファミリーソーシャルワーカーの業務

1. ファミリーソーシャルワーカーの役割

　施設を利用している児童と家族の再統合を実現するための中心的職員はファミリーソーシャルワーカーである。しかし、全ての業務を単独で行うのではなく、ホーム担当職員との協働により行われる。ホーム担当職員は、子ども各人の自立支援計画を作成し、計画に基づくケアワークや、子どもの心理的問題の解決のために、心理治療担当職員と協働し、子どもの抱える課題解決や家族再統合のためのケースワークを行う。

　ファミリーソーシャルワーカーの役割は、アセスメントや自立支援計画を策定するための情報収集や提供を行い、計画策定を支援すること、ならびに計画の実行に際しては進捗状況を把握し、適切なモニタリングを行うこと、さらに、地域支援ネットワークを組織化し、フォーマルまたはインフォーマルなサービスに家族のエンパワーメントを組み合わせ、親子再統合を実現することである。

2. ファミリーソーシャルワーカーの主な業務

　家族再統合を実現していくために、ファミリーソーシャルワーカーが行わなければならない業務は多種にわたるが、児童の自立支援計画を遂行していく視点から述べるならば、以下に掲げる主要4業務がある。

（1）アセスメントのための情報収集

　施設に入所する際には、児童相談所により「児童票」が作成され、それが子どもの基礎的情報となる。しかし、保護者が協力的でなかったり、またさまざまな要因により必要な情報が不足していたりする場合がある。

子どもと家族支援の的確なアセスメントを行うためには、不足している情報やより詳細な情報を得るために、児童福祉司と連携したり、保護者の来園の機会を通して必要な情報を収集したりすることが求められる。

(2) 自立支援計画策定の助言・支援

ファミリーソーシャルワーカーは、業務上さまざまな情報を総合的に知ることができる。また客観的な立場から、ホーム担当職員が作成する各子どもの自立支援計画や家族再統合の計画を作成するときに助言・支援ができる。ファミリーソーシャルワーカーは常に、子どもとその家族との関係性を深めているホーム担当職員の専門性を信頼し、相互の役割を尊重して家族再統合を進めていくことが求められる。

(3) 自立支援計画実行状況のマネジメント

ファミリーソーシャルワーカーは計画の進捗状況を常に把握し、計画の果実をモニタリングしながら、計画どおりなら支持を、停滞しているのならその原因を明らかにして、必要なフォローアップを行うなど、計画の進行をマネジメントするのが業務である。つまり、ファミリーソーシャルワーカーは計画を管理するケースマネージャーである。

(4) 地域資源のネットワークの構築

子どもと家族が地域で自立していくためには、家族の持つエンパワーメントの活用とともに、地域にある社会資源を活用し、地域のフォーマルおよびインフォーマルな機関やサービスを活用することが求められる。そのためには、家族が住む地域の社会資源を見つけたり開発したりする必要がある。例えば、有力な地域資源となる町内会役員、青少年地区委員、民生委員、NPO子育てグループ、各種ボランティア、保育所、小・中学校、子ども家庭支援センター、児童相談所などを結ぶネットワークを構築して、脆弱な家族を支援していくことが必要である。

3. 子ども・家族再統合のプロセス

　児童・家族再統合の支援のプロセスは、ファミリーソーシャルワーカーは、ホーム担当職員をはじめ、いくつかの関係機関や親子の主体的取り組みを含めて協働しながら段階的に進められる。この支援は、**図表2**に示したように、①アセスメント、②支援計画の作成、③実施計画の作成、④計画の実施、⑤モニタリングなどの一連のサイクルで行われる。このサイクルは、年度初めの4月から年度終わりの3月までの1年間を期間に行われ、目標に達成すれば終結となり、達成できなければ次年度に継続されて、再び支援プロセスのサイクルが行われる。

①アセスメント（ASSESSMENT）：家族再統合を妨げているいくつかの要因を明確にし、次の支援計画につなげる。

②支援計画（PLAN）の作成：アセスメントで明確になった複数の課題に対して、解決のための支援方法を計画する。

③DO（実施）計画の作成：支援計画の目標が確実に達成できるように、詳細で具体的な実行計画を作成する。

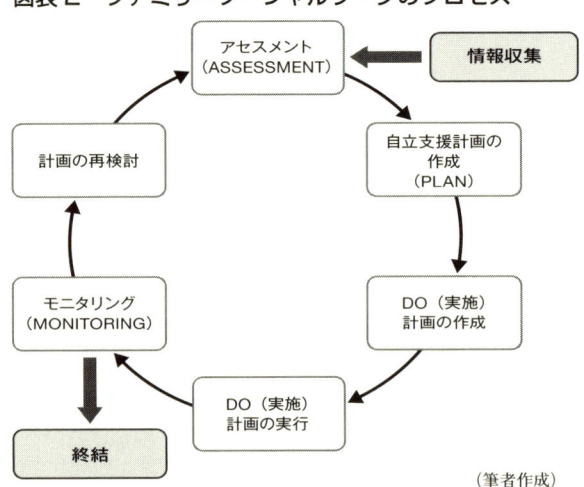

図表2　ファミリーソーシャルワークのプロセス

（筆者作成）

④DO（実施）計画の実行：実行計画に沿って目標に達するように実施する。
⑤モニタリング（MONITORING）（再評価）：計画どおりに進行しているか、また、目標に到達しているかを評価し、到達していれば終結に、達していなければ次の再検討に進む。
⑥再検討：年度の終わりに、1年間の支援の成果を評価し、解決できたこと、残された課題などを整理し、計画の妥当性などの検討を加えながら、再びアセスメントを行い次年度の支援のサイクルにつなげる。
⑥終結：計画の目標が達成され、児童と家族の再統合となり施設内の支援が終了する。

4．子ども・家族再統合のための実践業務

　子ども・家族再統合のためのファミリーソーシャルワーカーの実践業務を、子どもの施設入所から退園までの支援業務に視点を置いて考えるならば、3領域に分けて述べることができる。

(1) 第1領域：入所前のインテークと入園

　この領域は、子どもが施設に入園する前の業務である。施設によって、ファミリーソーシャルワーカーの業務は若干異なることもあるが、児童相談所からの子どもの入園依頼の受け付けを業務とするところが多い。なぜなら、子どもの入園から退園までの一連の流れを把握することができること、また、必要な情報が収集しやすいからである。子どもはほとんど、一時保護所に保護されてから処遇が決定されるので、ファミリーソーシャルワークは、一時保護所で子どものインテークを行うことが最初の段階となる。多くの場合、担当予定のホーム担当職員とともにインテークに行くことが多い。インテークの目的は、第1は、施設入園する子どもの不安を取り除くことである。第2は、支援に必要な情報を子ど

もとの面会により収集することが挙げられる。また、子どもが初めて施設に来た時に、インテークで顔見知りになった職員が玄関で迎えることは意義のあることである。保護者は、児童福祉司の引率で児童とともに施設に来ることが多い。最初の面会を大切に行い、信頼関係を築き今後の支援を良好に行うように努めなければならない。

(2) 第2領域：子ども・家族再統合のプロセス

第2領域は、子どもが入園後における家族再統合のプロセスを段階的に進めるときの、ファミリーソーシャルワーカーの実践業務である。この領域は、9段階に分かれて業務が進められる。

〈第1段階：家族再統合優先順位〉

施設で生活している子ども全員について、自立支援計画が策定されている。その中でも子ども・家族再統合は重要な計画である。本来ならば全ての子どもに対して家族再統合の取り組みが行われることが大切であるが、現実的には難しく、より可能性の高い子どもから優先順位を決めて支援したほうが実践的である。

優先順位を決める際には、感情や経験者の意見が優先されることを避け、客観的に判断ができるようにしなければならない。実際に施設で実践している例を挙げよう。

図表3は、大・中・小区分にチェック項目があり、大区分は「子どもの状況」「親の状況」「親子関係」の3区分を設定し、中区分は大区分を細分化した項目が並び、小区分はさらに細分化した必要な項目となり、これらの項目が最低の1から最高の5にわたって採点される。

図表4は、中区分の項目で集計した「親子関係」のみの結果を、例としてレーダー型グラフで表したものである。このチェック表の結果は最終決定ではなく、あくまでも担当者会議で検討するときのデータである。

この方法の利点は、第1に、検討会議における客観的データになることと、第2に、子どもと家族の再統合の可能性を検討するときに、必要

図表3　家庭復帰のためのアセスメント・チェックリスト（高校生）

年齢	学年	氏名	

		項目	高校生	点数	備考（※高い5→低い1）
子どもの状況	基本的生活習慣	起床・就寝の自立度	1 2 3 4 5		
		身支度が自分で出来る	1 2 3 4 5		
		着衣の自立度	1 2 3 4 5		
		食事の自立度（自分で食事ができるか）	1 2 3 4 5		
		睡眠状況	1 2 3 4 5		
		自分の部屋の整理整頓	1 2 3 4 5		
	計				
	心身の健康・行動	情緒的安定（虐待による心理問題も含む）	1 2 3 4 5		
		自己コントロール	1 2 3 4 5		
		体の健康	1 2 3 4 5		
		非社会的行動	1 2 3 4 5		※危険度が高い1→低い5)
		反社会的行動	1 2 3 4 5		※危険度が高い1→低い5)
	計				
	学校生活	登園・登校の状況	1 2 3 4 5		
		学校の成績	1 2 3 4 5		
		家庭学習の自立度	1 2 3 4 5		
		幼稚園・学校での活動状況	1 2 3 4 5		
		友人関係	1 2 3 4 5		
	計				
	家族との関係	父または母への理解	1 2 3 4 5		
		父または母への好感度	1 2 3 4 5		
		他の家族との関係	1 2 3 4 5		
		親族関係	1 2 3 4 5		
	計				
	家庭生活能力	料理の手伝い	1 2 3 4 5		
		洗濯	1 2 3 4 5		
		家族間コミュニケーション	1 2 3 4 5		
	計				
	希望	家庭復帰を望んでいる	1 2 3 4 5		
	危機回避能力	虐待等からの回避能力	1 2 3 4 5		
	計				
	小計				
	特記事項				
親の状況	家庭復帰の希望	子どもの家庭復帰を望んでいる	1 2 3 4 5		
	家庭運営能力	親としての存在能力（親としての振る舞いができるか）	1 2 3 4 5		
		衣食住を維持できるか	1 2 3 4 5		
		整理整頓	1 2 3 4 5		
	経済活動	借金の有無	1 2 3 4 5		
		生活保護受給による安定度	1 2 3 4 5		
		年収の状況	1 2 3 4 5		
	地域関係	地域に知り合いがいる（地域融合）	1 2 3 4 5		
		地域機関の援助の得やすさ	1 2 3 4 5		
	他機関の利用	教育機関からの支援	1 2 3 4 5		
		子家センからの支援	1 2 3 4 5		
		児相からの支援	1 2 3 4 5		
		友人からの支援	1 2 3 4 5		
		親族からの支援	1 2 3 4 5		
		民生委員からの支援	1 2 3 4 5		
		その他の支援	1 2 3 4 5		
	計				
	心身の健康	心的疾患の状況	1 2 3 4 5		
		身体的疾患の状況	1 2 3 4 5		
	主体的解決能力	主体的に解決する能力	1 2 3 4 5		
		主体的に福祉制度等の活用能力	1 2 3 4 5		
		地域との交流能力	1 2 3 4 5		
	計				
	小計				
	特記事項				
親子関係	交流	コミュニケーションが頻繁	1 2 3 4 5		
		面会の回数	1 2 3 4 5		
		外泊の回数	1 2 3 4 5		
	課題	親からの暴力	1 2 3 4 5		※危険度が高い1→低い5)
		親からの心理的攻撃	1 2 3 4 5		※危険度が高い1→低い5)
		子どもに対する無関心（放任）	1 2 3 4 5		※危険度が高い1→低い5)
		親の指示に従わない	1 2 3 4 5		※危険度が高い1→低い5)
		親への暴力	1 2 3 4 5		※危険度が高い1→低い5)
	計				
	小計				
	特記事項				
	合計				

（筆者作成）

図表4　家庭復帰優先順位集計チャート（親子関係）

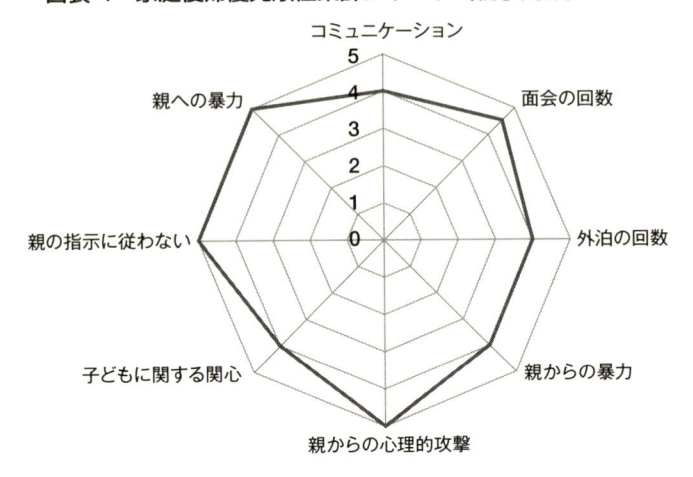

(レーダーチャート：コミュニケーション、面会の回数、外泊の回数、親からの暴力、親からの心理的攻撃、子どもに関する関心、親の指示に従わない、親への暴力　の8項目、0〜5段階)

(筆者作成)

不可欠な項目を正確にチェック表に記載しておけば検討漏れを防げる。第3に、担当者の強い思いや強い意見などの感情に左右されにくい。また、優先順位を決めるときと終結を判断するときに、同じチェック表で評価をすれば支援結果の成果を判断することができる。

〈第2段階：情報の収集〉

　クライエント家族が抱える問題・課題を確実に解決していくためには、正確なアセスメントが必要である。そのためには正確な情報をいかに収集するかが重要となる。

　ファミリーソーシャルワーカーは、児童相談所から送付される「児童票」を基本情報として活用するが、決して「児童票」だけを情報源とすることなく、不足している情報や曖昧な情報などを整理して、より多くの正確で必要不可欠な情報収集に努めなければならない。また、情報は日々変化するものであるため、常に新しい情報収集に努めなくてはならない。

〈第3段階：アセスメント〉

　家族再統合におけるアセスメントとは、子どもと家族が再び共に暮ら

すことを阻害している要因をさまざまな角度から分析する。問題は多くの場合単純ではなく、複雑に重層的に存在しているために、問題を解きほぐして整理していくことが大切である。

　実際には、子どものホーム担当職員チームが主体となってアセスメントする場合が多いが、ファミリーソーシャルワーカーはそのチーム会議に、アドバイザーとして適時に加わる。

〈第4段階：自立支援計画の策定〉

　子どもの自立支援計画は、日々の養育支援や教育支援さらに心理的支援などの支援目標や、また、子どもが再び家族と共に暮らせるための支援計画も立てられる。実際には、子どものホーム担当職員チームが主体となって計画を作成する場合が多いが、ファミリーソーシャルワーカーは、そのチーム会議にアドバイザーとして適時に加わる。

　計画作成の要点は、次のとおりである。

①達成すべき明確な目標を立て、目標が曖昧にならないようにする。
②子どもや親の意見が反映されていること。
③目標を達成するための取り組む道筋を立てる
④さまざまな課題や問題の解決方法を立てる。

〈第5段階：DO（実施）計画の策定〉

　計画はどんなにりっぱでも、実行されなければ意味がない。自立支援計画は比較的概略的に計画が立てられるために、日々の実践と乖離しやすい。例えば、親子の面会や外泊は、本来計画に基づき行われなければならないが、自立支援計画レベルではこうした実践まで計画に反映させることは難しい。自立支援計画を確実に実行するためには、さらに具体的に取り組む行動計画を作成することが必要である。この計画をここではDO（実施）計画とする。

　DO計画は、図表5に示すように、最大5段階に分けて課題ごとに解決目標を立てて行う。解決課題が少なければ段階も少なくなる。また、各担当、各機関が各段階の課題解決を行うために果たすべき役割を明確

にする。さらに、この計画を実行するための最大のポイントは、親が主体的に目標達成のために取り組むことである。そのためには、まず3者(親、施設、児童福祉司)がこの計画を共有する必要がある。

〈第6段階：DO（実施）計画の実施〉

DO（実施）計画に基づき実行する。ファミリーソーシャルワーカーは、各機関が計画に基づき実行できるようにサポートを行い、また、計画の進捗状況をマネジメントする。また、常にモニタリングを行い、計画どおりなら支持を、停滞しているのならその原因を明らかにして、必要に応じてフォローアップし、確実に目標に到達できるように遂行する。

図表5　DO（実施）計画の活用モデル

	施設	児童相談所	家族	子ども家庭支援センター	福祉事務所	保育所小・中学校	民生委員等地域支援者	評価
第1段階 目標	親子関係の修復							
実施内容	・面会の実施 ・外泊の実施	外泊中の保護者宅への訪問	・定期的な面会 ・普段の生活提供					
第2段階 目標	親の経済的自立							
実施内容	悩みを聞く	経済的自立の具体的相談	・就職活動 ・生保の相談		・生保受給の説明			
第3段階 目標								
実施内容								
第4段階 目標								
実施内容								
第5段階 目標								
実施内容								

(筆者作成)

〈第7段階：DO（実施）計画のモニタリング〉

DO 計画の実施の進行状況、達成状況を把握し、目標に達成していないとき、その問題点を整理する。また達成していても、次の自立支援計画全体におけるモニタリングに進む。

〈第8段階：計画全体のモニタリング〉

年度の終わりの時期に、DO 計画の目標達成状況や基本計画である「自立支援計画」の最終的な進捗を総合的に評価し、目標に到達していれば終結に向かうのであるが、一つは措置理由の解決の確認とともに、地域社会での親子の自立生活の見通しを図ることが必要である。また、計画が目標に到達していなければ次の再検討に進み、達成できなかった課題を確認して次年度の支援サイクルにつなげる。

〈第9段階：終結〉

自立支援計画の目標が達成していれば、施設内での支援の終結に向かうのであるが、先の3者（施設、児童福祉司、親）と当事者である子どもに対して、支援の終結の合意を図ることが大切である。その後、子どもと家族が終結を迎えるための準備を行う。

(3) 第3領域：退園後の支援

〈第1段階：アフターケア計画〉

施設内の支援の終結が決定された後、地域で親子が自立して生活を再開できるようにアフターケア計画を立てる。アフターケア計画は、措置理由となった原因や新たな予想できる問題が再び起きないように次の視点で計画を立てる。

・親子が主体的に自立を進められる視点で計画を立てる。
・地域の資源を効果的に活用する。
・各種福祉制度を必要に応じて親子が利用する。
・子どもの保育、学校生活のスムーズな適応を支援する。
・3者（施設、児童福祉司、親）の役割を明確にしておく。

〈第2段階：アフターケア計画の実施〉

アフターケア計画に基づき実施するが、計画の推移に責任を持つのは、児童相談所の児童福祉司であったり、施設のアファターケア職員と元担当職員が行ったりと、ケースによって決まってくる。

〈第3段階：ケース終了〉

自立を3者が確認し、ケースの終了を行う。

　子どもと家族の再統合は、述べて来たように施設生活を余儀なくしている子どもたちの願いである。そのために、少しでも早く確実に親子の再統合が実現でき、再び親の愛の中で温かく安心して暮らせるようになるために、さらなる援助技術の発展が求められている。

【参考文献】

千葉茂明「児童家庭福祉と社会的養護の関係性」新保育士養成講座編纂委員会編『社会的養護』（新保育士養成講座5）全国社会福祉協議会、2011年

第13章

施設養護と専門機関や地域資源との連携

齋藤　知子

第1節 施設運営の向上と地域支援

1．施設機能の強化

　社会的養護は、かつては保護者がいないか、いてもなんらかの事情で保護者が育てられない子どもを中心とした施策であったが、現在では、虐待を受けた子どもやなんらかの障害のある子どもへの支援を行う施策へと、その役割が変化しており、一人ひとりの子どもをきめ細やかに支援していけるような社会的資源として、その役割・機能の変化が求められている。

　そのような中で施設は、児童虐待の発生予防や早期発見の観点から、保護、養育、回復、家庭復帰や社会的自立という一連のプロセスを、地域の中で継続的に支援していく視点を持つ必要がある。そして、全ての子どもと家庭のための子育て支援施策を充実させていく中で、社会的養護の対象となる子どもこそ、社会全体で温かく支援していくことが必要であると言える。

　また、社会的養護と一般の子育て支援施策は一連の連続性を持つものであり、関係行政機関、教育機関、施設、里親、子育て支援組織、市民団体などと密接な連携をしながら進めていくことが重要である。さらに、施設がショートステイなどによる地域の子育て支援の機能を担い、地域の里親等を支える地域支援や、地域の中で家族支援、子育て支援の充実を図り、施設のソーシャルワーク機能を高め、地域の社会的養護の拠点としての役割を担っていくことが期待されている。

2．施設運営の質の向上

　厚生労働省は2011年1月、「児童養護施設等の社会的養護の課題に関

する検討委員会」を開催して、社会的養護の短期的課題と中長期的課題について検討し、同年7月、同委員会および社会保障審議会児童部会社会的養護専門委員会において「社会的養護の課題と将来像」がとりまとめられた。これに沿って、家庭的養護の推進や里親委託・里親支援の推進、施設運営の質の向上、親子関係の再構築の支援、自立支援の充実、子どもの権利擁護などが進められている。

　この「社会的養護の課題と将来像」では、施設運営の質を向上させるため、施設種別ごとの運営指針を策定するとともに、社会的養護の施設における第三者評価の義務化、施設長研修の義務化を行うこととされた。これを受け、2011年9月に児童福祉施設最低基準（現・児童福祉施設の設備及び運営に関する基準）を改正し、第三者評価および施設長研修を義務づけた。

　また、2012年3月には、児童養護施設、乳児院、情緒障害児短期治療施設、児童自立支援施設、母子生活支援施設の5つの施設運営指針と、里親及びファミリーホーム養育指針を策定するとともに、第三者評価の評価基準を策定した。

　「第三者評価」とは、社会福祉法人等の提供する福祉サービスの質を事業者および利用者以外の公正・中立な第三者機関が専門的かつ客観的な立場から行った評価をいう。この事業のメリットは、サービスを提供している事業者自らが提供するサービスの質について改善すべき点を明らかにし、取り組みの具体的な目標設定を可能にすることと、評価を受ける過程で、職員の自覚と改善意欲に対するモチベーションを上げ、課題に対する共有化が促進されることである。また、利用者等からの信頼の獲得と向上が図られること、個々の事業者が事業運営における問題点を把握し、サービスの質の向上に結びつけることを目的とするものである。さらに第三者評価を受けた結果が公表されることにより、利用者の適切なサービス選択に役立つための情報となることが目的である。

　社会的養護関係の施設については、子どもが施設を選ぶしくみでない

措置制度等が主であり、また、施設長による親権代行等の規定もあるほか、被虐待児等が増加し、施設運営の質の向上が必要であることから、第三者評価の実施を義務づけることとなった。

また、2012年度には、虐待を受けた子ども等の増加に対応し、子どもの抱える問題の複雑・多様化を踏まえて、ケアの質を高めるため、社会的養護の施設の直接養育・支援に当たる児童指導員・保育士等の基本的人員の配置基準の引き上げが約30数年ぶりに実施され、標準的な定員の施設で職員が1名程度の増となった。2012年4月には措置費の配置基準を引き上げ、改正後の最低基準（従うべき基準）については、2013年4月の施行となった。

3. 施設機能の地域での活用

社会的養護は、次の3つの機能を持つとされている。
①養育機能：家庭での適切な養育を受けられない子どもを養育する機能であり、社会的養護を必要とする全ての子どもに保障されるべきものである。
②心理的ケア等の機能：虐待等さまざまな背景の下で、適切な養育が受けられなかったこと等により生じる発達のゆがみや心の傷（心の成長の阻害と心理的不調等）を癒やし、回復させ、適切な発達を図る機能である。
③地域支援等の機能：親子関係の再構築等の家庭環境の調整、自立支援、施設退所後の相談支援（アフターケア）、地域における子どもの養育と保護者への支援などの機能である。

戦後まもなくの頃には、児童養護施設は戦災孤児が中心であり、その後も時代の変化とともに、災害、サラ金、カード負債、貧困などの理由で入所していたケースが多かったため、主に①の養育機能が中心であった。その後も、核家族化、家庭の養育力の低下等、両親のいない、あるいはひとり親家庭など、その時代の社会状況によって入所理由が変遷し

てきた。特に近年においては、虐待を受けた子どもの入所が急増し、②の心理的ケア等の機能の充実が求められている。現在の社会的養護に求められる機能は、以上の2つとともに、③の地域支援等の機能である。

地域における施設機能の社会資源としての活用としては、児童自立支援施設と情緒障害児短期治療施設は、短期の治療的施設として位置づけ、都道府県・指定都市を単位に設置されることが望ましいとして、情緒行動上の問題や非行問題など特別のケアが必要な子どもを入所させ、比較的短期間で心理治療や生活指導を行うことが挙げられる。また、児童養護施設や乳児院、母子生活支援施設、児童家庭支援センターは、広域的な地域を単位に設置され、施設ケアが必要な子どもや母子を入所させるとともに、地域支援の拠点となるセンター施設として、心理療法担当職員、個別担当職員、家庭支援専門員（ファミリーソーシャルワーカー。以下FSW）に加え、里親支援担当職員、自立支援担当職員も配置され、親支援、里親支援やアフターケアなど、地域支援を行う体制を充実する必要があるとしている。さらに、地域の拠点として、それらの専門的な知識や技術を家庭的養護の支援や、地域の親子等の支援を推進するために活用しようとするものである。

第2節 地域の関係機関・教育機関との連携

社会的養護の関係施設に入所している場合に限らず、地域で暮らす子どもや家庭をめぐる問題は複雑・多様化しており、問題が深刻化する前の早期発見・早期対応、子どもや家庭に対するきめ細かな支援が重要となっている。そのためには、都道府県（児童相談所）・市町村間の連携はもちろんのこと、福祉事務所、知的障害者更生相談所、身体障害者更生相談所、発達障害者支援センター、児童福祉施設、里親、児童委員、児童家庭支援センター、婦人相談所、配偶者暴力相談支援センター、社会

福祉協議会などの福祉分野の機関のみならず、保健所、市町村保健センター、精神保健福祉センター、医療機関、学校、教育委員会、警察、民間団体、公共職業安定所等種々の分野の機関とも連携を図るとともに、各機関とのネットワークを構築して、その活用を図ることが必要である。

1. 関係機関との連携

　2012年8月に成立した「子ども・子育て支援法」では、市町村が虐待を受けた要保護児童も含め、地域の子ども・子育て家庭を対象とした事業を行うとともに、都道府県が、社会的養護など専門性の高い施策を引き続き担うため、都道府県の設置する児童相談所を中心とするしくみを現在と同様に維持することにしている。同法では今後、市町村と都道府県との連携を確保するため、「市町村子ども・子育て支援事業計画」では、社会的養護などの都道府県が行う専門的な施策との連携に関する事項を記載するよう努めること、「都道府県子ども・子育て支援事業計画」では、要保護児童等に関する専門的な知識・技術を必要とする支援のために必要な市町村との連携に関する事項を記載することにしている。子どもや家族の支援について、関係機関等と協働して取り組む体制を確立するため、児童相談所を中心とした関係機関等との連携を適切に行い、子どもや家族の情報を相互に提供し、定期的な連携の機会を確保し、具体的な取り組みや事例検討を行うことが重要である（児童相談所との連携の詳細については、第8章参照）。

　また、施設の役割や機能を達成するために必要な社会資源を明確にし、児童相談所など関係機関・団体の機能やそれらとの連絡方法を、施設の実情に合わせて体系的に明示し、必要に応じて地域の社会資源に関するリストや資料を作成し、職員間で情報を共有していくことが必要である。関係機関や関係団体のネットワーク内での共通の課題に対し、事例検討会や情報の共有等を行い、解決に向けて協働して具体的な取り組みを行うことや、要保護児童対策地域協議会などへは積極的に参加し、地域の

課題を共有することが求められている。

2. 市町村と施設との連携

2004年の児童福祉法の改正において法的に位置づけられた、市町村の「要保護児童対策地域協議会」では、要保護児童の適切な保護や、要支援児童、特定妊婦に適切な支援を行うために、情報交換、支援内容の協議が行われている。要保護児童対策地域協議会(以下「地域協議会」という)とは、虐待を受けた子どもをはじめとする要保護児童等に関する情報の交換や支援を行うために協議を行う場である。

地域協議会には次のような利点があるとされ、要保護児童等を早期に発見することができ、迅速に支援を開始することができる。また、関係機関の間で、情報の共有化が図られ、それぞれの役割分担について共通の理解を持ちながら、それぞれの機関が責任を持って関わることのできる体制づくりができ、支援を受ける家庭にとってもより良い支援が受けやすくなる。また、関係機関が分担し合って関わることで、それぞれの機関の限界や大変さを分かち合うこともできる。

市町村としては、児童虐待の恐れや社会的支援を必要としている比較的軽度と思われるケースについては、市町村で実施されている一般の子育て支援サービス等を活用して対応し、重篤・困難なケースは、要保護児童として、児童相談所に連絡し、社会的養護のシステムに結びつける。社会的養護等の施設等を利用し、退所し家庭復帰をする際には、市町村のネットワークでの見守り、継続的支援に結びつけられていくように退所前からその後の対応について連携をとることが重要である。

また、社会的養護の施設等が、家族支援やアフターケアを含めた地域支援を行い、そのままでは保護者に監護させることが不適当な要保護児童を、支援を受けながら保護者による養育が続けられる要支援児童として支えていくことも、予防の取り組みとして大切である。

市町村の児童家庭相談や子育て支援事業等と、都道府県等の児童相談

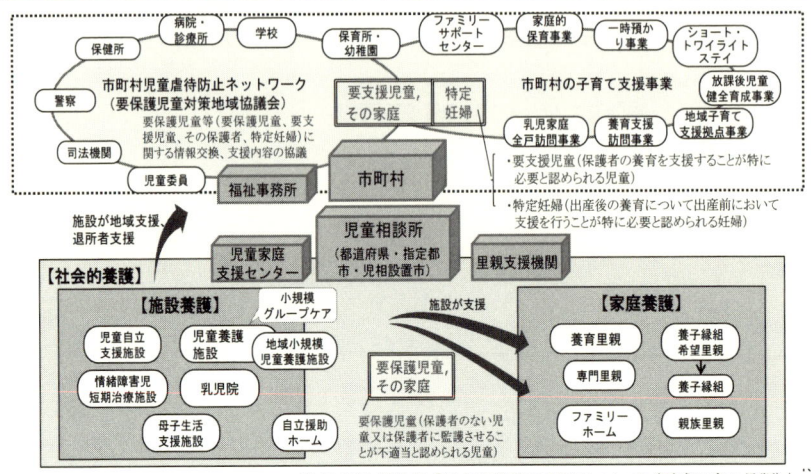

図表1　社会的養護施設と関係機関との連携

出典：厚生労働省「社会的養護の現状について（平成25年3月版）」
（「社会的養護の課題と将来像の実現に向けて」）

所を中心とした関係行政機関、社会的養護の関係施設は、さまざまな関係者が互いにつながりを持って、総合的に支援のプロセスを実施し、社会的養護を必要とする子どもたちを社会の力で支援していく必要がある（図表1）。

3．教育機関等との連携

　社会的養護の児童の教育環境には、施設の種別によって違いがある。児童養護施設や里親等委託の子どもは、施設や里親等の家のある学校区等の学校に通学している。児童自立支援施設では、原則として、施設内分校・分教室で学習し、まれに地域の学校へ通学している場合もある。情緒障害児短期治療施設では、一般的に施設内学級で就学している。

　特に、児童養護施設に入所している子どもを受け入れている小・中学校には、必然的に虐待を受けた経験のある子どもが多く、施設と学校との関係にもさまざまな課題を抱えることになる。子どもに関する情報をでき得る限り共有し、協働で子どもを育てる意識を持ち、幼稚園、小学

校、中学校、高等学校、特別支援学校などの子どもが通っている教育機関との連携を密にする必要がある。具体的には、子どもについて、必要に応じて施設の支援方針と教育機関の指導方針を互いに確認し合う機会を設けることや、教職員や地域の保護者との信頼関係を構築するため、児童養護施設の職員もPTAの役員等になったり、PTAの諸行事に参加したりし、地域の人々との交流を深めるようにする。

　施設の中には、定期的に校長および施設長、民生委員、区長、警察等との連絡会議を開催したり、施設職員と教員による研修会を実施するなど、さまざまな工夫がなされている。

　また、学校などを中心として、地域全体との関係を深めるためには、学校の友人等が施設へ遊びに来やすい環境作りを行うことや、地域のボランティア活動や町内会、子ども会、老人会、お祭りなど地域社会の活動へ子どもと職員とで参加をするとともに、地域の諸団体と連絡を取り、施設の行事に地域住民を招待するなど相互の交流が大切である。また、施設が有する機能を地域に開放・提供する取り組みを積極的に行い、地域へ向けて、理念や基本方針、施設で行っている活動等を説明した印刷物や広報誌等を配布し、地域の人々の理解を得ることや、コミュニケーションを活発に行い、社会的養護の下で育つ子どもについて社会全体としての理解を深める機会にし、広く地域や市民が社会的養護やそこで育つ子どもに関心を持ち、理解を深めるための取り組みが重要である。

　一方で、個人情報の保護のため、子どもや保護者に関する情報を提供できないことから、その連携のあり方には、専門知識と技術をもって十分に子どもの権利を保障するものでなければならない。

　また、学習環境としては、全国の大学進学率はすでに5割を超えているが、全国の児童養護施設の子どもの大学進学率は1割に満たない。子ども自身が選択肢を広げ、可能性を追求することを保障するため、今後は、大学や専門学校等の高等教育を受けることをできるだけ可能とするような教育環境の整備を促進していくことも課題である。

4．医療・保健・司法機関などとの連携

(1) 医療・保健機関との連携

　子どもの抱える背景が多様化・複雑化する中、被虐待児やなんらかの障害を持つなど、心理的ケアや治療を必要とする子どもに対する専門的なケアや自立支援に向けた取り組み、継続的・安定的な環境での支援の確保が大切である。

　社会的養護の施設に入所してくる子どもの中には、虐待を受けた子どもや障害を持っていたり、慢性的な疾患を抱えている子どもたちが少なくない。障害や慢性疾患が、虐待のリスク要因となっていることもある。

　虐待によると考えられる症状に関して連携が必要となる場合には、虐待による外傷から障害を生じていたり、てんかんを発症していたりということが見られる。また、ネグレクトによって低身長や低体重が見られることもある。このような症状があるときには、定期的な通院で医療的治療を受けるとともに、児童福祉施設での医療的援助についても学ぶ必要がある。虐待で保護された子どもに発達の遅れが見られることがあり、発達の遅れに対応できる医療機関や療育機関と連携していくことが望まれる。また、虐待を受けた子どもは注意欠陥多動性障害などの行動の障害、学習の障害、排泄の障害、睡眠の障害、感情の障害などといった精神的症状が出てきていることがある。そのような問題に対する医学的な評価と治療（薬物療法を含む）については、施設内の心理的ケアと連携し、子どもの精神障害に対応できる医療機関を確保し、個別の通院だけでなく、相談を適宜行えるような連携が望ましい。

(2) 司法機関との連携

　保護者による虐待が原因で施設入所してきた子どものうち、保護者が施設に来て、引き取りや面会を強引に求める場合がある。そうした保護者に対して、施設としては児童相談所と連携し、基本的には根気よく説

得をし、理解させる努力を払うが、ときには、特に激昂しやすい保護者が、説得する職員に対して暴力的な行動をとる例もある。このような場合には、児童相談所との連携の下に警察署の協力を求めることが必要である。警察署に対しては事前協議をしておき、保護者の加害行為が予測される場合には即応できる体制を確保しておくことが重要である。

施設においては、子どもの面前で警察の協力を得ての対応については、できれば避けたいという態度をとりやすく、消極的になりやすい。しかし、再発防止のためにも、子どもの生命・安全を第一義的に考えて対処すべきであり、暴力行為をとることを常套手段とする保護者には警察の協力を求めることが適当である。

警察は、個人の生命、身体および財産の保護、犯罪の予防等に関する業務を行うとともに、少年補導、非行防止活動等を行っている。そのような中で施設の子ども自身との関係においては、触法・ぐ犯行為などによって通告を受けた場合や、家出・迷子等で保護された場合などがある。このような場合についても、施設においても日頃から警察との情報の共有や意見交換の機会を持ち、円滑な協力関係を作ることが必要である。

その他の司法機関として、裁判所や弁護士との関係があり、近年は、児童家庭相談活動を行うに際して法的な対応が必要となる場面は増えてきている。このため、児童相談所は、必要に応じて弁護士や弁護士会と連携を図りつつ法的対応について連携を強めているが、施設入所中の児童については、施設とも具体的に連携し、個別のケースで問題となる法的問題に対する助言を受けれらる関係を形成しておく必要がある。

第3節 アフターケアと地域資源との連携

2004年の児童福祉法改正で、社会的養護の児童養護施設等の業務として、法律上、退所者に対する相談支援が定められた。社会的養護の施設

や里親から自立していった子どもには、施設や里親は、いわば実家のような役割を持つ。将来、社会に出て就職、結婚、子育て、また親との関わりについても、困ったとき、つまずいたときに、頼れるきずなとなる必要がある。

施設退所となるケースは、家庭復帰（問題解決・未解決にかかわらず親子同居による家族再統合）、他施設への措置変更（里親家庭への委託変更を含む）、満年齢を迎えての措置解除（高校卒業もしくは中卒での就職、または高校中退ケース）に大別することができる。

1．アフターケアの推進

児童養護施設で18歳まで育った子どもたちが、社会的に自立した生活を営むことができるようになるには、施設入所中のみならず、施設退所後においても継続的な支援、つまりアフターケアが非常に重要である。一般家庭の子どもとは異なり、社会的養護下で育った子どもの場合は、自分の親を頼りにすることが難しいことが多く、施設退所後に家庭復帰して親と同居する場合も、独立して生活する場合も、経済的にも精神的にも施設をよりどころとして頼るしかないケースが少なくない。

児童福祉施設等における「アフターケア」とは、「退所後の相談援助」のことを指す。つまり、児童養護施設等を退所した人たちに対する、施設等による相談援助・支援である。アフターケアは現在、児童養護施設等の職員が多くを担っている。しかし、アフターケアには、長年、現場からも課題が残されているとされながらも、その実践が徹底されていない。その原因としては、量的・質的人材の確保が難しいことがある。

今の人員配置では、入所している子どもへのケアで手いっぱいであること、アフターケアが組織的な対応になっておらず、施設職員の個人の負担になってしまっていたり、施設内でアフターケアに関するルールを定めていなかったりするところも多い［伊藤、2012］。

児童養護施設等については、自立支援担当職員を置き、施設入所中か

らの自立支援や、退所後の相談支援などのアフターケアを担当し、体制を整備して充実することが必要である。また、退所児童等アフターケア事業の補助事業の推進を図ることや、施設退所者等の自助グループを、施設単位や広域単位で育成することも求められている。

身元保証人確保対策事業は2009年から実施されているが、運用改善として、申し込みをしやすくするために、保証の申し込み期間（現在は、施設退所後半年以内）を延長するとともに、高校卒業後、大学等に進学した場合に、大学を卒業するまでの間、保証を延長できるよう、連帯保証期間（現在は、保証開始後原則最長3年）の延長が必要である。

2．親子再統合による退所後の地域資源との連携

親子関係の再構築支援施設運営の質の向上のためには、人員配置の充実とともに、養育の技術や方法論の向上、施設のマネージメント力の向上に取り組む必要がある。

子ども一人ひとりの課題への対応や、親支援やペアレントトレーニングの技術の向上、将来の自立した生活の力を高める養育、施設退所後の継続的支援、子どもの意見をくみ上げ、子どもの権利を擁護する取り組み、開かれた風通しの良い組織づくりなど、施設運営の質を高める取り組みを進めていくことが求められている。

ペアレントトレーニングとは、子どもの行動変容（好ましい行動を増やし、好ましくない行動を減らす）のための技術を獲得するためのプログラムであり、親の子育てのストレスを減らすことも主な目的としている。方法は、専門性のある一定の研修を受けたインストラクターによって、グループで行う。

児童養護施設では、家庭支援専門相談員（FSW）、心理職が配置され、虐待を受けた子どもへのカウンセリングとともに家族再統合を推進している。家庭復帰した後の家庭支援は重要であり、復帰後の地域、転入した保育所や学校での支援ネットワークの中で児童相談所ならびに地域で

の見守りの体制が大切となっている。そのため、退所後の市町村との連携、地域協議会への参加や、保育所、幼稚園、小・中学校、高校、特別支援学校、その他関係機関との連携が重要である。

　また、里親への委託を受けた子どもに対する学校および地域の支援体制も重要である。

3．進学・就職による卒園後の地域資源との連携

　子どもの退所に向けた準備として、「子どもの最善の利益」にかなった進路の自己決定ができるよう支援することが大切である。そのために進路選択に必要な資料を収集し、子どもに判断材料を提供し、十分に話し合い、高校卒業後の進学についてもでき得る限り支援する。また、特に中卒児・高校中退児に対して、就労させながら施設入所を継続することで十分な社会経験を積めるよう支援する。

　高校や特別支援学校などとも十分に連携をとりながら、職場実習や職場体験等の機会を通して、社会経験の拡大に取り組み、必要に応じて事業主等と密接に連携するなど、職場実習の効果を高めるよう支援する。また、子どもの希望に応じてアルバイト等就労体験を積めるよう支援し、勤労に対する自覚や金銭管理など、アルバイトを通じてさまざまなことを体得することを支援する。

　措置解除後に子どもが退所する地域の市町村や関係機関と連携し、退所後の生活の支援体制の構築に努め、退所後も施設として子どもと保護者が相談できる窓口を用意していることを、子どもと保護者、事業主などにも伝える。必要に応じて、児童相談所、市町村の担当課、地域の関係機関、自立援助ホームやアフターケア事業を行う団体等と積極的な連携を図りながら支援を行うことも重要である。

　施設退所者が集まれるような機会を設けたり、退所者グループの活動を支援し参加を促すことで、退所後も継続した支援が行えるようにする。

【引用・参考文献】

伊藤嘉余子「児童養護施設退所者のアフターケアに関する一考察——18歳で措置解除となるケースに焦点をあてて」『埼玉大学紀要教育学部』61(1)、2012年、pp.149-155

小木曽宏「子ども家庭支援実践におけるソーシャル・スキル」上野加代子・鈴木崇之・小木曽宏・野村知二編『児童虐待時代の福祉臨床学』明石書店、2002年、pp.80-99

子どもの虐待防止センター監修、坂井聖二著、西澤哲編著『子ども虐待への挑戦——医療、福祉、心理、司法の連携を目指して』誠信書房、2013年

厚生労働省「社会的養護の課題と将来像」www.mhlw.go.jp/bunya/kodomo/syakaiteki_yougo/.../08.pdf（2014/02/10確認）

厚生労働省「社会的養護の現状について（平成25年3月版）」www.mhlw.go.jp/bunya/kodomo/.../yougo_genjou_01.pdf（2014/02/10確認）

第14章

社会的養護の専門職の理解

虹釜　和昭

第1節 専門職員の倫理

1. 専門職員の要件

　児童福祉施設の職員の要件に関しては、「児童福祉施設の設備及び運営に関する基準」(旧・児童福祉施設最低基準) 第7条 (児童福祉施設における職員の一般的要件) において次のように規定されている。

> 第7条　児童福祉施設に入所している者の保護に従事する職員は、健全な心身を有し、豊かな人間性と倫理観を備え、児童福祉事業に熱意のある者であつて、できる限り児童福祉事業の理論及び実際について訓練を受けた者でなければならない。

　この条文中の「豊かな人間性と倫理観を備え」という記載は、基準としてはかなり抽象的・情緒的な条文表現とも言えるが、職員が備えるべき一般条件として「倫理」を位置づけている。
　また、それに続く第7条の2 (児童福祉施設の職員の知識及び技能の向上等) では、より具体的な施設職員としての学びの姿勢が明記され、専門性の「資質向上」を求めている。

> 第7条の2　児童福祉施設の職員は、常に自己研鑽に励み、法に定めるそれぞれの施設の目的を達成するために必要な知識及び技能の修得、維持及び向上に努めなければならない。
> 2　児童福祉施設は、職員に対し、その資質の向上のための研修の機会を確保しなければならない。

　「児童福祉施設の設備及び運営に関する基準」において、あえて専門職として「倫理」と「資質向上」が備えるべき要件として記載されていることは、この基本姿勢が児童福祉および社会的養護に不可欠であることを指し示している。

社会的養護の専門職員とは、「社会的養護に関する職務内容について精通した技術や知識を有しており、それらを用いて子どもたちの抱える生活課題や社会との不適合を解決し、権利擁護を目的とした支援を行う職員」という定義がなされるのではなかろうか。社会的養護に従事する職員はこの「専門的技術」「専門的知識」を用いること、またそれらの獲得を目指し、日々の業務に当たっている。一例を挙げれば、「リーダーシップや指導力がある」「子どもに対する適切な声掛けができる」「子どもから信頼を得る対応ができる」「学習指導ができる」「スポーツ指導にたけている」「日常的な生活スキルを伝えられる」といった技術や、「心理学や医学の知識がある」「食に関する知識がある」「行政の制度政策の方向性に対する知識がある」といった知識など、その内容は多岐にわたっている。

2．人間性の重視

　しかし、近年ではこの「技術」や「知識」の根底にある「倫理」の重要性が問われている。技術や知識は前述のように、目に見える形で私たちに具体的内容が指し示されている。しかし、「倫理」については研修で修得するという性格のものではなく、その内容は哲学的な要素を含んでいると言えよう。技術や知識については、技術力・合理性を追求することにより解決される要素が高い。しかし「倫理」に関しては必ずしもそうではない。例えば「子どもから信頼を得る対応ができる」についても、その根本にあるものは「この職員は信頼に値する人である」との思いを抱くような、職員の人間性について問われている。抽象的な表現であるが、職員自身が人としての魅力やロールモデル（なりたい人材像）の対象となることであり、そして職員は子ども一人ひとりを固有の人格を持った存在として捉え、人格と人格が相互に信頼しうる関係が必要とされる。その意味でも「技術」や「知識」よりも職員の人間性が重視され、それを形成するのが「倫理」であると言えよう（図表1）。社会的と倫理的は

図表１　知識・技術と倫理の関係

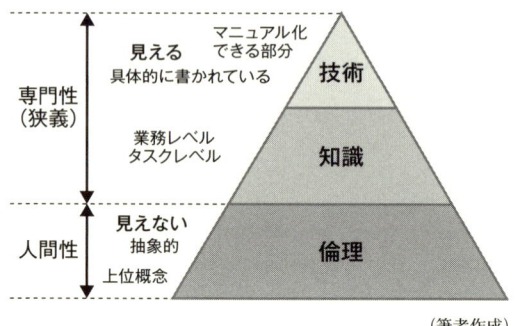

- 専門性（狭義）
  - 見える　具体的に書かれている　マニュアル化できる部分：技術
  - 業務レベル　タスクレベル：知識
- 人間性
  - 見えない　抽象的　上位概念：倫理

（筆者作成）

同義語であり、個人的・恣意的（自らの思いのままにふるまうこと）に行われている養護は社会的養護とは言えない。

　倫理は、社会的養護などの対人サービスにおける信頼関係構築の基本的要件であり、誠実さ、正しさなどの普遍的性格を持つものである。

　2000年の社会福祉基礎構造改革以降、社会福祉事業に「福祉サービス第三者評価制度」（社会福祉法第78条第１項）、「苦情解決制度」（同法第65条・第82条）などの新たな取り組みが求められた。これらは全て倫理問題への対応であり、その背景には、一部の社会福祉施設内における不適切な関わり（児童への体罰・傷害行為、ネグレクト、心理的抑圧、拘束、預金資産等横領など）が起こったこともその一因とされている。

第２節　社会的養護の専門性

１．入所児童の問題状況

　社会的養護の職務内容は高度な専門性が要求されている。児童養護施設をはじめとする社会的養護の施設は、以前は衣・食・住を保障する生活施設として開設されたが、今日では治療的施設としての性格が求めら

れている。**図表2**から明らかなように、多くの項目において問題行動の疑いがある児童が多く生活している。

社会的養護の施設で暮らす多くの子どもたちの成育歴をたどってみれば、子どもの育ちにとって不適切な家庭環境がこのような問題行動の発生要因となっている。その要因は必ずしも一様ではないが、子どもたち

図表2　児童養護施設入所児童の情緒・行動上の問題状況（複数回答）

項目	疑いなし	やや疑いあり	疑いあり	確かに問題あり
1.自閉的傾向（23,271人）	87.7	8.7	2.2	1.3
2.養育者との関係性（17,178人）	80.5	12.9	3.7	2.9
3.注意欠陥・多動傾向（23,186人）	72.5	17.4	5.9	4.3
4.反社会的行動傾向（25,982人）	70.7	17.2	5.9	6.1
5.抑うつ傾向（20,914人）	89.7	7.3	1.8	1.1
6.学習障害傾向（18,215人）	75.7	13.5	5.7	5.1
7.物質使用（15,051人）	90.0	4.4	2.3	3.3
8.自傷行為（25,805人）	93.7	3.6	1.1	1.5
9.集団不適応（20,962人）	76.9	14.3	4.3	4.5
10.社会的引きこもり（7,678人）	94.8	3.8	0.9	0.5
11.排泄問題（14,724人）	81.0	8.6	3.5	7.0
12.摂食障害傾向（20,947人）	93.9	4.4	1.0	0.7
13.睡眠問題（20,980人）	94.1	4.1	0.9	0.9
14.言語能力の発達遅延・障害（25,956人）	84.3	9.2	3.1	3.4
15.知的障害（25,683人）	78.6	9.0	4.5	7.8
16.施設内における他児へのいじめ（25,710人）	82.6	11.4	3.4	2.6
17.施設内における他児からのいじめ（25,559人）	86.5	9.9	2.3	1.3

出典：厚生労働省「社会的養護施設に関する実態調査中間報告書」2008年10月

の育った環境について理解することが問題対応の手がかりとなる。
養護問題の「世代間連鎖」といわれるように、社会的養護にある子どもたちの保護者の成育歴にも注目する必要がある。こうした保護者自身も幼少期は必ずしも幸福とは言えない中で過ごし、十分な教育環境や文化的な生活にはほど遠い成育環境の中で育ったケースが多く、高等教育はもちろんのこと、十分な教育を受けることなくして社会生活に至った。それに伴うところの不安定な経済生活がもたらす長時間労働や劣悪な就労条件からの低収入、構造的貧困を抱えている。こうした家庭環境では、子どもの健全な発達を優先することや、適切な愛情提供、しつけがなされることは考えにくい。そして、子どもたちに対しては保護者の都合や思いつきによる子育ての結果、正しい社会生活を送るために必要な生活スキルを身につけておらず、社会性を養うための教育や学びへの意欲がなく、他者との適切な人間関係が築けないなど、保護者・子ども共々に社会適応が困難となっている。

　このような成育条件や環境での家庭養育、幼少期における不安定な生活は、子どもの心を知らず知らずにむしばんでしまう。一部の子どもに見られる行動面の落ち着きのなさなどの多動傾向、感情爆発、無気力、学習意欲低下など、その症状は多様である。このように、一見して「発達障害」とも思える様相を示しているが、それらの多くは幼少期からの環境要因からのものであることが少なくはない。

2．心理職の導入

　子どもに対して、常に注意や指導といった否定的な表現を投げかけ続けることで、子どもは、周りの大人を必ずしも信頼に値する存在とはみなさなくなってしまう。その結果として、不信感や試し行動の表れであるところの問題行動という形で施設職員を悩ます。

　こうした子どもについては、本来ならば臨床心理士による心理治療や小児精神科の医師による専門的な治療が必要である。情緒障害児短期治

療施設では、心理職や小児科医などの配置が比較的手厚くされているが、一般の児童養護施設などでは、近年心理職の導入が進み態勢が充実しつつあるとはいえ、必ずしも十分とは言えない。情緒的な課題を抱えた子どもへの関わりについては、子どもの症状はそれぞれ異なっており、その養護内容およびその課題への対応は抽象性が伴っている。すなわち、日常的な生活を展開すると同時に治療的な働きかけが同時進行している。専門性が日常性の中に包含されていることが社会的養護の内容であり、そのことが専門性の見えにくさにつながっている。経験がまだ十分でない新任職員の場合は子どもの心理を十分に読み取れず、対処療法的な関わりに終始しているなど本質的な子どもとの関係構築が困難となっている。

社会的養護は「感情労働」の性格を有している。感情労働とは「従事者（職員）が自らの感情を誘発もしくは抑圧しながら、自らの外観をコントロールすることで、相手の感情に変化を起こさせ、労働＝サービスの質を高めると」言われている。具体的に語るならば、揺れ動く子どもの心に応じて、職員は共感的な言葉や態度を通じて、励ましやときには叱責などにより、子どもの行動をプラスに導くことを目的としている。しかし、転移・逆転移という言葉があるように、子どもが発する激しい言動・行動に耐えかねて、職員のバーンアウトにつながることもしばしば見られる。マイナスの感情に誘発されて、職員自らが不適切な関わりを起こしてしまう危険性もはらんでいる。

3．社会的養護の専門性の確立

社会的養護の専門職である「児童指導員」も国家資格には位置づけられておらず、社会的養護という極めて公共性の高い職務でありつつも、比較的ハードルの低い資格と言えよう。本来ならば、誰でもなれるものではない高度な専門職の職務内容を求められながらも、専門職としての重要要件の一つである「科学的理論の体系化」や「一定水準の資格」が

確立されていないがゆえに、職務内容の高度化が阻害されている。

　社会的養護の実践現場における、自己点検、自己実践の真摯な検証が必要である。施設は閉鎖的に陥りやすく、また現場の実践者自身も社会的な評価を恐れてか、自己の行った養育実践に対しての評価を求めることをためらいがちになり、そして施設内虐待をはじめとして痛ましい事故の発生によって問題が顕在化してくる。こうした悪循環が社会的容認の獲得を困難にし、また専門職確立の阻害要因の一つとなっている。

　社会福祉従事者養成校での専門性の捉え方も曖昧であり、教育側の正しい現場理解が必要とされている。社会的養護関係施設従事者の大半は専門教育を受けてきたにもかかわらず、教育と現場の落差の大きさに戸惑う。子どもと直接向き合い、「温かい人間関係を形成して、不幸な子どもに愛の手を差し伸べる」と希望に燃えて社会的養護従事者を目指した年若い職員は、現場の混迷を目の当たりにしてなすすべもない。新任職員に対する研修も形式的であり、施設養護の本質や課題に迫るにはほど遠い。

　これらは全て、処遇実践においては経験的・恣意的な要素が強く、一時的には情緒を誘発する直接的原因の刺激が回避されたとしても、人格に働きかけた共感的理解にははるかに及ばない。問題行動の心理学的アプローチを試みるならば、人格における自我の役割、つまりパーソナリティーを全体として統一し、社会環境に適応する機能のゆがみが挙げられよう。この社会的自我の構築が、養育の営みの課題である。

第3節　専門職員の職種と資格

1．職務内容の共通化傾向

　社会的養護関係施設に配置されるべき専門職は、「児童福祉施設の設

図表3　社会的養護関係施設の配置専門職員

施設種別	配置職員
乳児院	小児科の診療に相当の経験を有する医師または嘱託医、看護師、個別対応職員、家庭支援専門相談員、里親支援専門相談員、栄養士、調理員、心理療法担当職員
児童養護施設	児童指導員、嘱託医、保育士、個別対応職員、家庭支援専門相談員、里親支援専門相談員、栄養士、調理員、看護師、心理療法担当職員、職業指導員
母子生活支援施設	母子支援員、嘱託医、少年を指導する職員、調理員またはこれに代わるべき者、心理療法担当職員
情緒障害児短期治療施設	精神科または小児科の診療に相当の経験を有する医師、心理療法担当職員、児童指導員、保育士、看護師、個別対応職員、家庭支援専門相談員、栄養士、調理員
児童自立支援施設	児童自立支援専門員、児童生活支援員、嘱託医および精神科の診療に相当の経験を有する医師または嘱託医、個別対応職員、家庭支援専門相談員、栄養士、調理員、心理療法担当職員、職業指導員

（注）ある一定条件の下に配置される専門職員も含まれている。　　　　　（筆者作成）

備及び運営に関する基準」において詳細に定められている（**図表3**）。施設種別ごとに若干の配置職員基準の違いは見られるが、近年その内容が共通化する傾向にある。

　かつては、乳児院は「乳幼児施設」、児童養護施設や母子生活支援施設は「生活施設」、情緒障害児短期治療施設や児童自立支援施設は「治療施設」といったように、施設機能の違いが比較的明解で独自の運営がなされており、職員配置もそれぞれに特徴を持っていた。しかし、近年では各施設の機能の違いは明確にしながらも、相互補完的に児童の受け入れを行っている。そのことは多様な施設利用ニーズに対応するため、利用対象を厳密に絞り込めないといった事情もあり、一部には、従来の常識からは考えられないような児童相談所の措置による入所が行われている。

2．社会的養護関係施設の配置専門職員

(1) 児童指導員および保育士

　主に児童養護施設、乳児院に配置され、乳幼児や児童への日常的な養

護を担当する職員である。保護者に代わり日常的な生活スキル獲得の支援や将来の自立に向けての指導などを行い、また保護者や児童相談所との連絡調整なども行う。かつては児童指導員と保育士の専門性について異なった位置づけがなされていたが、今日では両者の職務内容は接近しつつある。また、一部の社会的養護関係施設においては、児童指導員はソーシャルワーカー、保育士はケアワーカーといった位置づけがなされている。

(2) 母子支援員

母子生活支援施設に配置され、配偶者との離婚や死別による生活困難および配偶者による暴力などのため家庭生活が困難になった、18歳未満の子どもを持つ女性に対して、自立のためのさまざまな生活や育児支援を行い、法的な手続きや福祉事務所など関係機関との連絡調整を行う。

(3) 児童自立支援専門員

児童自立支援施設に配置され、家庭的な寮舎において児童と起居を共にしながら、生活・教育・就業などに関する指導および支援を行う。また児童の家族への指導および支援、児童相談所など関係機関、地域との連絡調整などを行う。

(4) 児童生活支援員

児童自立支援施設に配置されている職員で、おおむね保育士に準ずる職務内容である。児童自立支援専門員と同様、児童と起居を共にしながら、主に規則正しい生活リズムや生活スキル獲得など生活面の支援を行う。

(5) 家庭支援専門相談員（ファミリーソーシャルワーカー）

虐待等の家庭環境上の理由により入所している児童の保護者等に対し、

児童相談所との密接な連携の下に、電話・面接等により児童の早期家庭復帰、里親委託等を可能とするための相談援助等の支援を行い、入所児童の早期の退所を促進し、親子関係の再構築等を図ることを目的とする。

(6) 里親支援専門相談員（里親支援ソーシャルワーカー）

児童養護施設および乳児院に、地域の里親およびファミリーホームを支援する拠点としての機能を持たせ、児童相談所の里親担当職員、里親委託等推進員、里親会等と連携して、①所属施設の入所児童の里親委託の推進、②退所児童のアフターケアとしての里親支援、③所属施設からの退所児童以外を含めた地域支援としての里親支援を行い、里親委託の推進および里親支援の充実を図ることを目的とする。

(7) 心理療法担当職員

虐待等による心的外傷等のため心理療法を必要とする児童等、および夫からの暴力等による心的外傷等のため心理療法を必要とする母子に、遊戯療法、カウンセリング等の心理療法を実施し、心理的な困難を改善し、安心感・安全感の再形成および人間関係の修正等を図ることにより、対象児童等の自立を支援することを目的とする。

(8) 個別対応職員

虐待を受けた児童等の施設入所の増加に対応するため、被虐待児等個別の対応が必要な児童への1対1の対応、保護者への援助等を行う職員を配置し、虐待を受けた児童等への対応の充実を図ることを目的とする。

(9) 職業指導員

勤労の基礎的な能力および態度を育て、児童がその適性・能力等に応じた職業選択を行うことができるよう、適切な相談、助言、情報の提供、実習、講習等の支援により職業指導を行うとともに、就労および自立を

支援することを目的とする。

(10) 看護師（医療的ケアを担当する職員）
　被虐待児や障害児等継続的な服薬管理などの医療的ケアおよび健康管理を必要とする児童に対し、日常生活上の観察や体調把握、緊急時の対応などを行い、医療的支援体制の強化を図ることを目的とする。

3．児童のニーズの多様化

　社会的養護専門職員の職務内容は施設児童ニーズの多様化により広範囲にわたっている。これは、0歳から18歳（一部20歳）という幅広い年齢への対応、生活施設と治療施設の両面を兼ね備えていること、生活の連続性を保障しなければならないことなどによるものである。このニーズに応えるためにも、多くの専門職が必要とされている。しかし、児童との人間関係構築という観点から見ると、一人の児童に複数の職員が関わることには多くの問題がある。その解決に向け、社会的養護関係施設の小規模化推進が行われている。特定の養育者を重視しつつも、各専門職間の連携を行うことにより、児童のニーズを充足し、権利擁護とを図ることが大切である。

【参考文献】
　秋山智久・平塚良子・横山譲『人間福祉の哲学』ミネルヴァ書房、2004年
　川村隆彦『価値と倫理を根底に置いたソーシャルワーク演習』中央法規出版、2002年
　ショーン,D（佐藤学・秋田喜代美訳）『専門家の智恵——反省的実践家は行為しながら考える』ゆみる出版、2001年

第15章
社会的養護施設の運営管理

隣谷　正範

第1節 施設運営および組織

1．施設の理念・方針

　児童福祉施設は公的役割を果たす性質を帯びている機関であり、社会的養護を必要とする子どもへの養育や自立支援を行うことを目的に、「個人の尊厳の保持」（社会福祉法第3条）を福祉サービスの基本理念の旨としている。これらの目的を達成していくために、施設の存在意義を明確にし、当該組織全体が共有すべき考え方や価値観を示すものとして「基本理念」や「基本方針」を策定して所属する者たちの共通理解としている。
　「基本理念」とは、個人の尊重や権利性の確立、自立支援等の長期的かつ恒常的な理念を掲げるものとして、法人の定款等に記載される目的に沿って当該施設・事業者が果たしていくべき役割を明確にするものである。また、「基本方針」とは、基本理念に沿ったより具体的なサービス提供の方針を示すものとして、サービス内容や行事、利用者の健康管理等についての考え方を明確にしたものであり、法人および施設・事業者が各年度（中・長期）に実施する基本的な事柄を具体的に示す事業計画において明示していることが必要となる（保育所においては「保育課程」が該当する）［長谷川、2011］。
　これら「基本理念」「基本方針」を策定することは、施設で働く職員の労務管理の観点からも重要であり、経営者の意識、管理職の意識、職員の意識の乖離を防ぐ意味でも有効である。また、職員各自が「基本理念」を組織内での行動のよりどころとし、「基本方針」と併せて行動の指針としていく中で、一貫性のあるサービス提供に生かされなければならない。
　一方で、施設を利用する側にとっては、施設を選択する際の判断材料

になる等、施設の組織運営に関する重要な公開情報の一部ともなる。児童福祉施設におけるサービスの質の向上が求められる昨今では、子どもの権利擁護の視点や各職種が遵守すべき職業倫理も含めて、児童福祉施設で働く全職員の正しい理解と実践への反映が求められるところであり、これらの理念・方針が一人歩きすることのないようにしたい。

2．法人組織（施設組織）

（1）組織の構成

「福祉サービス」は、社会福祉法人、NPO法人、株式会社等さまざまな経営主体によって提供されるが、各組織によって提供される福祉サービスは全て「well-being の実現」という社会的使命を達成するための公益的活動をその趣旨とするものにほかならない。

児童福祉施設の経営主体の大多数を占める社会福祉法人を例に取れば、その組織は理事、監事、評議員から成る。

理事は、「すべて社会福祉法人の業務について、社会福祉法人を代表する」（社会福祉法第38条）と規定され、その中心機関は理事らによって構成される理事会である。理事会では、法人および施設の経営方針や事業計画、予算等の意思決定・業務執行を決定する。なお、社会福祉法人と理事との関係性は民法上の委任関係に当たることから、民法第643条・第644条の規定に従い、委任事務（法人運営）に当たる義務があると解釈される［埼玉県福祉部、2009（a）］。

監事の主な職務は、理事の業務執行の状況および法人（施設）の状況についての監査（および同状況について理事に対する意見表明）を行うほか、定期的な監査報告書の作成、理事会および管轄庁への報告、法令・定款・寄付行為に違反や不当な事項があった場合の評議員会への報告等を担う［埼玉県福祉部、2009（b）］。

評議員は、理事会から独立した組織として、法人業務、財産状況、役員の業務遂行状況について役員に意見を述べたり諮問に応じる等、理事

とは異なる立場から法人（施設）の適正な運営に貢献している［埼玉県福祉部、2009（c）］。

(2) 児童福祉施設の事業区分

社会福祉法第2条の規定に従い、児童福祉施設の事業は第一種社会福祉事業と第二種社会福祉事業に分けられる。児童福祉法に規定される事業のうち、第一種社会福祉事業には、乳児院、母子生活支援施設、児童養護施設、障害児入所施設（福祉型障害児入所施設・医療型障害児入所施設）、情緒障害児短期治療施設、児童自立支援施設が該当する。これらの事業は、第二種社会福祉事業に比べて利用者への影響が大きく、経営安定を通じた利用者の保護の必要性が高い事業として位置づけられており、その大半が社会福祉法人によって運営されている（児童自立支援施設に限っては、都道府県立によるものが多い）。

(3) 児童福祉施設で働く職種

児童福祉施設では、各々の施設種別の目的や機能を果たすために「児童福祉施設の設備及び運営に関する基準」等によって職員配置が定められている。基準に示されている主な職種には、施設長、嘱託医、児童指導員、保育士、理学療法士・作業療法士、看護師、栄養士、調理員が挙げられるが、円滑な施設運営のためには、会計・庶務を担う事務員の存在も欠かせない（同基準の詳細については、後述の第3節参照）。

3．財源（措置費・保育所運営費）

行政用語として、児童福祉法の規定に基づく入所の措置に伴う経費を「措置費」、保育所における保育の実施に伴う経費を「保育所運営費」という。これら児童福祉施設の措置費（保育所運営費）は、「保護に係る費用」および児童福祉施設の「最低基準を維持するために必要な費用」の総体と捉えるのが一般的である。また、入所児童等一人（世帯）当たりの単

図表1　措置費（保育所運営費）負担区分表

施設種別	実施主体の区分	児童等入所先施設の区分	支弁	徴収	費用区分 市町村	費用区分 都道府県 指定都市 中核市 児童相談所設置市	費用区分 国	2013年度国庫負担金予算額（単位：千円）※当初予算額
保育所	市町村長	私立施設	市町村	市町村の長	1/4	1/4	1/2	保育所分 425,625,076
		市長村立施設	市町村	市町村の長	2004年度より一般財源化			
		都道府県立施設	都道府県	都道府県の長	2004年度より一般財源化			
母子生活支援施設・助産施設	市・福祉事務所を設置する町村	市長村立・私立施設	市町村	市町村の長	1/4	1/4	1/2	児童入所施設分 90,788,456
		都道県立施設	都道府県	都道府県の長		1/2	1/2	
	都道府県指定都市中核市	都道府県・市町村立・私立施設	都道府県・指定都市・中核市	都道府県・指定都市・中核市の長		1/2	1/2	
その他の児童福祉施設・ファミリーホーム・自立援助ホーム・里親	都道府県指定都市児童相談所設置市	都道府県立・市町村立・私立施設	都道府県指定都市児童相談所設置市	都道府県・指定都市・児童相談所設置市の長		1/2	1/2	

（注）実施主体の措置によって国立の児童福祉施設に入所させた場合は、国がその入所後に要する費用の全額を負担し、かつ、徴収を行うが、費用の負担能力の認定は都道府県知事が行う。なお、指定都市および中核市が都道府県立の母子生活支援施設への母子保護の実施、助産施設への助産の実施をとった場合においても、当該指定都市および中核市は措置費等の1/2を、都道府県立の保育所への保育の実施を行った場合においては、保育所運営費の全てを負担することとなる。

出典：［こども未来財団、2013］p.26を基に作成

価を保護単価（保育所の場合は保育単価）と呼び、年度当初に示される支弁費目の単価に基づき、毎月の生活費等が児童の数に乗じて支弁される。

　措置費は、児童福祉施設を運営するために必要な人件費や管理費等を使途とする「事務費」と、入所児童のために直接使われる「事業費」に大別される。一方で、保育所運営費は「直接費」に当たる保育に必要な人件費および事業費（一般生活費、児童用採暖費）と、「間接費」に当たる保育所の維持・管理のために用いられる管理費（庁費、旅費、職員研修費、被服手当、補修費、保健衛生費、職員健康管理費等）で構成される。

　措置費（保育所運営費）に係る費用の負担は**図表1**に示すように、国や

地方公共団体が支弁義務者として一定の割合で負担している。このうち、公立保育所の運営費は2004年度より一般財源化されており、国から移譲された財源については自治体独自の運用が認められている。

　なお、措置費（保育所運営費）については、支弁した都道府県・市町村の長、厚生労働大臣が、本人またはその扶養義務者から「負担能力に応じて、その費用の全部又は一部」（保育所の場合は、当該保育費用をこれらの者から徴収した場合における家計に与える影響を考慮して、保育所における保育を行うことに係る児童の年齢等に応じて定める額）を徴収することができるとされており（児童福祉法第56条）、現行制度では、課税階層による区分に基づく徴収基準が用いられている。

第2節　福祉サービスの提供と運営管理

1．運営管理

(1) 人事・労務管理

　職員採用・配置に当たっては、職種および職員数が「児童福祉施設の設備及び運営に関する基準」等に示される配置基準を下回らないように留意し、子どもの健やかな育ちを支えられる優れた資質と専門性を有した人材を確保していくことが大切である。

　一方で、職員採用の際には、就業規則および労働条件を明示する必要があるほか、職員の秩序を維持する観点からは、施設内に服務規程（規律）を設けることも効果的である。勤務時間は、1週間につき40時間（休憩時間を除く）、1日につき8時間を原則に、これを越えて労働をさせてはならないとされている（労働基準法第32条）。実際の勤務は、子どもの日課に沿って、早番・日勤・遅番・夜勤等の勤務体制に不規則に対応していく場合が多く、とりわけ、入所施設にあっては子どもたちの生活

施設であることから、定時（退勤時刻）を迎えたからといって関わりを中断することも難しい現実がある。職員のこのような勤務状況や精神的・肉体的な疲労等を鑑みると、休憩や休日、勤務体制を適切に取り扱っていくことは、施設運営上の労務管理を考えていくうえで重要な点になる。

　この他に、施設の労働組合は、一般企業の同団体と同様に関係諸法によってその活動が保障されている。労働組合を持つ施設にあっては、経営側は組合との信頼関係や施設内の諸規定に基づき、労働協約や団体交渉等の活動に真摯に対応していく姿勢が求められる。

(2) 安全管理

　子どもたちが日々の中心的な時間を過ごす「生活の場」である児童福祉施設では、建物の安全は欠くことができない。防火や耐震だけでなく、電気系統や給排水設備、スプリンクラーの設置等の建物の構造的な管理を十分に行い、建築基準法をはじめとする関係各法に基づく設置・維持・点検を通して、安全管理に努めていく必要がある。

　防災管理の観点からは、火災の発生予防とともに、万が一の火災の発生に備えて被害を最小限に抑えるための対策を講じていくことが大切であり、消防法に基づき防災管理者を選任して消防計画に沿って日々の防災管理上の業務を行わなければならない。また、施設では、消火器等の消火用具、非常口その他非常災害に必要な設備を設けて非常災害に対する具体的計画を立て、避難および消火に対する訓練を毎月1回以上行うこと（児童福祉施設の設備及び運営に関する基準第6条）とされている。訓練は火災に限らず震災等さまざまなケースを想定して行われるが、年に1回は所管消防署の指導の下で実施し、通報・避難・消火等の自衛消防活動を適正に行えるように訓練しておくことが望まれる。

2. 第三者評価・苦情解決

　第三者評価事業の法的な位置づけは、社会福祉事業の経営者に求めら

れる「福祉サービスの質の向上のための措置等」(社会福祉法第78条) に該当する。このような規定が設けられた背景には、福祉サービスの多くが、行政処分による「措置」から利用者がサービスを選択できる「利用契約(制度)」に移行したことが大きく影響している。利用者本位のシステムの下では、質が高く自身に合った福祉サービスを選択できるための情報提供が不可欠であるとともに、事業者側にとっては、自身の施設のサービスの現状や課題を把握し改善するための取り組みとして、公正・中立な第三者機関(評価機関)が専門的かつ客観的な立場から評価するしくみが求められた経緯がある。社会的養護関係施設(乳児院、母子生活支援施設、児童養護施設、情緒障害児短期治療施設、児童自立支援施設)については、子どもが入所する施設を選択できるしくみにないことや、昨今の被虐待児の増加に伴い、施設での適切な対応が必要であること等を鑑みて、2012年度から3年に1回の第三者評価の受審が義務づけられた。

　そして社会福祉事業の経営者には、提供する福祉サービスに係る「利用者等からの苦情の適切な解決」(社会福祉法第82条)に努めることが規定されており、事業所内に置かれる苦情解決責任者および苦情受付担当者に加えて、客観性を確保しながら適切な対応を図るために、第三者委員による苦情解決のしくみが設けられる。また、これら三者とは別に、苦情解決が困難な事案に対応する公正・中立な第三者機関として、都道府県社会福祉協議会に運営適正化委員会が置かれている。

第3節 施設養護に関する基準

1.「最低基準」制定の背景

　わが国では、第二次世界大戦による戦災孤児・浮浪児・非行児童等をはじめとする子どもに係わるニーズに対処すべく、1947年に児童福祉法

が公布された。翌年には同法第45条に基づき「児童福祉施設最低基準」（現・児童福祉施設の設備及び運営に関する基準）が中央児童委員会によってまとめられ、同年12月に省令として公布される。

　最低基準は、1919年、米国における第2回児童福祉白亜館会議で策定された「児童福祉の最低基準」を原案に、ミニマム・スタンダードを子どもの施設に設けることを提案したGHQの指導等を基に盛り込まれた経緯を持ち、法律上水準の上部を定めるのは困難であるとの考えの下、一定線を定めてその上下を判断する「基準」として登場した［平本、2005］。

2．児童福祉施設の設備及び運営に関する基準の概要

　従来の「児童福祉施設最低基準」の省令は、2012年4月から「児童福祉施設の設備及び運営に関する基準」の名称に改正された。同基準では、「児童福祉施設の一般原則」「非常災害」「虐待等の禁止」「懲戒に係わる権利の濫用禁止」「衛生管理」「食事」「秘密保持」「苦情への対応」等について規定するとともに、児童福祉施設の各施設種別の運営に必要な設備、職種および職員数等を定めている（図表2）。

　そして、児童福祉施設は「最低基準を超えて、常に、その設備及び運営を向上させなければならない」「最低基準を超えて、設備を有し、又は運営をしている児童福祉施設においては、最低基準を理由として、その設備又は運営を低下させてはならない」（同第4条）と、最低基準を超えた環境を確保していくことを求めている。施設の運営管理を維持・向上していくための手段・方法として、子どもの生活の観点からその設備及び運営を向上していくことを目標としていきたいところである。

　最低基準については、「地域の自主性及び自立性を高めるための改革の推進を図るための関係法律の整備に関する法律」の成立に伴い、児童福祉法等の一部改正がなされたことで都道府県等が条例で定めることになり、この条例で定める基準を「最低基準」と称することになった。最低基準の目的は、都道府県知事の監督に属する児童福祉施設に入所して

図表2　児童福祉施設の設備及び運営に関する基準（抜粋）

施設種別	設　備（居室等の基準）	職　員	職員の配置基準
助産施設	※第一種助産施設は、医療法の病院または診療所である助産施設、第二種助産施設は、医療法の助産所である助産施設をいう。	・第一種助産施設には、医療法に規定する職員（嘱託医は、産婦人科の診療に相当の経験を有する者）のほか、1人以上の専任または嘱託の助産師	
乳児院	【乳幼児10人以上を入所させる乳児院】 ・寝室、観察室、診察室、病室、ほふく室、相談室、調理室、浴室、便所 ・寝室（2.47㎡以上／乳幼児1人） ・観察室（1.65㎡以上／乳幼児1人）	・医師または嘱託医（小児科の診療に相当の経験を有する者）、看護師、個別対応職員、家庭支援専門相談員、栄養士、調理員※2 ・心理療法担当職員（心理療法を行う必要がある乳幼児またはその保護者10人以上に心理療法を行う場合）	・看護師の数は、乳児および満2歳に満たない幼児1.6人につき1人以上、満2歳以上満3歳に満たない幼児2人につき1人以上（これら3歳以上の幼児4人につき1人以上）（これらの合計数が7人未満であるときは7人以上）。ただし、看護師は1人を除き保育士または児童指導員をもってこれに代えることができる。乳幼児10人の施設には2人以上、乳幼児が10人を超える場合は、おおむね10人増すごとに1人以上看護師を配置。 ※上記の事項のほか、乳幼児20人以下の施設には、保育士を1人以上配置。
	【乳幼児10人未満を入所させる乳児院】 ・乳幼児の養育のための専用の室、相談室 ・乳幼児の養育のための専用の室（9.91㎡以上／1室、乳幼児2.47㎡以上／1人）	・嘱託医、看護師、個別対応職員、家庭支援専門相談員、調理員またはこれに代わるべき者	・看護師の数は7人以上とする。ただし、その1人を除き、保育士または児童指導員をもってこれに代えることができる。
母子生活支援施設	・母子室（調理設備、浴室、便所を設けるものとし、一世帯につき一室以上）、集会・学習等を行う室、相談室 ・母子室（30㎡以上／1室）	・母子支援員、嘱託医、少年を指導する職員、調理員またはこれに代わるべき者、心理療法担当職員（心理療法を行う必要がある母子10人以上に心理療法を行う場合） ・個別対応職員（配偶者からの暴力を受けたこと等により特別な支援を行う必要がある場合）	・母子支援員の数は、母子10世帯以上20世帯未満を入所させる施設においては2人以上、母子20世帯以上を入所させる施設においては3人以上。 ・少年を指導する職員の数は、母子20世帯以上を入所させる施設においては2人以上。
保育所	【乳児室または満2歳に満たない幼児を入所させる保育所】 ・乳児室またはほふく室、調理室、便所（保育に必要な用具を備える）、医務室、調理室、便所 ・乳児室（1.65㎡以上／乳幼児1人） ・ほふく室（3.3㎡以上／乳幼児1人） 【満2歳以上の幼児を入所させる保育所】 ・保育室または遊戯室（保育に必要な用具を備える）、屋外遊戯場（付近にある屋外遊戯場に代わるべき場	・保育士、嘱託医、調理員※2	・保育士の数は、乳児3人につき1人以上、満1歳以上満3歳に満たない幼児6人につき1人以上、満3歳以上満4歳に満たない幼児20人につき1人以上、満4歳以上の幼児30人につき1人以上。 ・認定こども園である保育所にあっては、幼稚園と同様に短時間利用児（1日に4時間程度利用する幼児）35人につき1人以上、長時間利用児（1日に8時間程度利用する幼児）。

施設	設備	職員	備考
児童厚生施設	【屋外の児童厚生施設（児童遊園等）】 ・広場、遊具、便所 【屋内の児童厚生施設（児童館等）】 ・集会室、遊戯室、図書館、便所	・児童の遊びを指導する者	
児童養護施設	・居室、相談室、調理室、浴室、便所 ・医務室、静養室（児童30人以上を入所させる施設）、職業指導に必要な設備 ・居室（4人以下／1室、4.95㎡以上／1人） ・乳幼児のみの居室の場合（6人以下／1室、3.3㎡以上／1人）	・児童指導員、嘱託医、個別対応職員、家庭支援専門相談員、栄養士、保育士、調理員*1、看護師（乳児が入所している施設） ・心理療法担当職員（心理療法を行う必要がある場合） ・職業指導員（実習設備を設けて職業指導を行う場合）	・児童指導員および保育士の総数は、通じて満2歳に満たない幼児1.6人につき1人以上、満2歳以上満3歳に満たない幼児2人につき1人以上、満3歳以上の幼児4人につき1人以上、少年5.5人につき1人以上。 ・乳児4.5人以下を入所させる施設にあっては、さらに1人以上を加える。 ・看護師の数は、乳児1.6人につき1人以上。ただし、1人を下ることはできない。
福祉型障害児入所施設	知的障害児	・居室、調理室、浴室、便所、医務室（児童30人未満を入所させるもので主に知的障害のある児童を入所させるものにあっては医務室を設けないことができる）、職業指導に必要な設備 ・居室（4人以下／1室、4.95㎡以上／1人） ・乳幼児のみの居室の場合（6人以下／1室、3.3㎡以上／1人）	・嘱託医（精神科または小児科の診療に相当の経験を有する者）、保育士、栄養士*1、調理員*2、児童発達支援管理責任者 ・職業指導員	・児童指導員および保育士の総数は、通じて児童4.3人（少年を含む）につき1人以上。 ※児童30人以下を入所させる施設にあっては、さらに1人以上を加える。
	自閉症児	・居室、調理室、浴室、便所、医務室、静養室 ・居室（4人以下／1室、4.95㎡以上／1人） ・乳幼児のみの居室の場合（6人以下／1室、3.3㎡以上／1人）	・医師（児童を対象とする精神科の診療に相当の経験を有する者）、嘱託医（眼科または耳鼻咽喉科の診療に相当の経験を有する者）、児童指導員、保育士*2、調理員*2、児童発達支援管理責任者 ・心理指導担当職員	・児童指導員および保育士の総数は、上記（知的障害児）に同じ。 ・看護師の数は、児童20人につき1人以上。
	盲ろうあ児	・居室、調理室、浴室、便所、医務室、静養室（児童30人未満を入所させる施設では盲児または聾児に主に盲児を入所させる福祉型障害児入所施設にあっては医務室および静養室を設けないことができる） ・浴室、便所の手すり、特殊表示等身体の機能の不自由に関する設備 ・遊戯室、訓練室、職業指導に必要な設備、音楽に関する設備	・嘱託医（眼科または耳鼻咽喉科の診療に相当の経験を有する者）、児童指導員*2、調理員*2、児童発達支援管理責任者	・児童指導員および保育士の総数は、通じて児童4人につき1人以上、少年5人につき1人以上。 ※児童35人以下を入所させる施設にあっては、さらに1人以上を加える。

[屋外遊戯場（保育所を含む）、調理室、便所
・保育室または遊戯室（1.98㎡以上／幼児1人）
・屋外遊戯場（3.3㎡以上／幼児1人）]

※20人につき1人以上、満4歳以上の短時間利用児35人につき1人以上、長時間利用児30人につき1人以上。
※保育所1か所につき、保育士の数は2人を下ることはできない。

第15章 ●社会的養護施設の運営管理

		設 備 (居室等の基準)	職 員	職員の配置基準
福祉型障害児入所施設	肢体不自由児	自由を助ける設備 【主にろうあ児を入所させる福祉型障害児入所施設】 ・遊戯室、訓練室、職業指導に必要な設備、映像に関する設備 ・居室 (4人以下/1室、4.95㎡以上/1人) ・乳幼児のみの居室の場合 (6人以下/1室、3.3㎡以上/1人) ・居室、調理室、浴室、便所、医務室、静養室、訓練室、屋外訓練場、浴室、便所の不自由を助ける設備、便所の手すり等身体の機能の不自由を助ける設備 ・居室 (4人以下/1室、4.95㎡以上/1人) ・乳幼児のみの居室の場合 (6人以下/1室、3.3㎡以上/1人)	嘱託医、看護師、児童指導員、保育士、栄養士*1、調理員*2、児童発達支援管理責任者	・児童指導員および保育士の総数は、通じて児童の数を3.5で除して得た数以上。(児童5人以上に心理指導を行う場合)
	自閉症児	・医療法に規定する病院として必要な設備、訓練室、浴室、静養室	・医療法に規定する病院として必要な職員、児童指導員、保育士、児童発達支援管理責任者	・児童指導員および保育士の総数は、通じて児童の数を6.7で除して得た数以上。
医療型障害児入所施設	肢体不自由児	・医療法に規定する病院として必要な設備、訓練室、屋外訓練場、ギブス室、特殊手工芸等の作業を指導するに必要な設備、義肢装具を製作する設備 (義肢装具を製作することを主たる場合はこれを設けることを要しない)、浴室、便所の手すり等身体の機能の不自由を助ける設備	・医療法に規定する病院として必要な職員 (施設の長および医師は、肢体の機能の不自由な者の療育に関して相当の経験を有する医師)、理学療法士または作業療法士、児童指導員、保育士、児童発達支援管理責任者	・児童指導員および保育士の総数は、通じて乳幼児10人につき1人以上、少年20人につき1人以上。
	重症心身障害児	・医療法に規定する病院として必要な設備、訓練室、浴室	・医療法に規定する病院として必要な職員 (施設の長および医師は、小児科の診療科名を標榜する小児科の経験を有する医師)、内科、精神科、神経科と組み合わせた名称を診療科名とする診療科、外科、整形外科またはリハビリテーション科の診療に相当の経験を有する医師、理学療法士または作業療法士、児童指導員、保育士、児童発達支援管理責任者、心理指導を担当する職員	
	知的障害児	・指導訓練室、遊戯室、屋外遊戯場 (付近にある屋外遊戯場に代わるべき場所を含む)、医務室、相談室、調理室、便所、静養室、児童発達支援の提供に必要な設備、指導訓練室 (10人/1室、2.47㎡以上/1人)、遊戯室 (1.65㎡以上/1人)	・嘱託医 (精神科の診療科名ある者)、児童指導員、保育士、児童発達支援管理責任者、調理員*2、児童指導担当職員 (日常生活を営むのに必要な機能訓練を行う場合)	・児童指導員、保育士、機能訓練担当職員の総数は、通じて児童の数を4で除して得た数以上。

施設	設備	職員
福祉型児童発達支援センター（難聴児）	指導訓練室、遊戯室、屋外遊戯場（付近にある屋外遊戯場に代わるべき場所を含む）、医務室、相談室、調理室、便所、児童発達支援の提供に必要な設備、備品、聴力検査室	・児童指導員、保育士、言語聴覚士、機能訓練担当職員の総数は、通じて児童の数を4で除して得た数以上。 ※ただし、言語聴覚士の数は、4人以上でなければならない。
福祉型児童発達支援センター（重症心身障害児）	指導訓練室、調理室、便所、児童発達支援の提供に必要な設備、備品	・嘱託医（眼科または耳鼻咽喉科の診療に相当の経験を有する者）、児童指導員、保育士、言語聴覚士、看護師、調理員*1、栄養士*2、機能訓練担当職員（日常生活を営むのに必要な機能訓練を行う場合）・児童発達支援管理責任者
医療型児童発達支援センター	医療法に規定する診療所として必要な設備、指導訓練室、屋外遊戯場、相談室、調理室、浴室、便所、階段及び手すり等身体の機能の不自由を助ける設備	・嘱託医（内科、精神科、神経科と組み合わせた名称の診療科名もしくは小児科、外科、整形外科またはリハビリテーション科の診療科を有する者）、児童指導員、保育士、看護師、理学療法士または作業療法士、栄養士*1、調理員*2、児童発達支援管理責任者・機能訓練担当職員（日常生活を営むのに必要な機能訓練を行う場合）
情緒障害児短期治療施設	居室、医務室、静養室、遊戯室、工作室、相談室、調理室、浴室、観察室、心理検査室、心理療法室、身体の不自由を助ける設備 居室（4人以下／1室、4.95㎡以上／1人）	・医師（精神科または小児科の診療に相当の経験を有する者）、心理療法担当職員、児童指導員、保育士、看護師、個別対応職員、家庭支援専門相談員、栄養士*1、調理員*2・児童10人以上に心理療法を行う場合）
児童自立支援施設	【学科指導に関する設備】 ・小学校、中学校または特別支援学校の設備の設置基準に関する学校教育法の規定を準用（学科指導を行わない場合にあってはこの限りでない） ・児童養護施設の設備基準を準用（乳幼児に関する規定を除く） 【上記以外の設備】	・児童自立支援専門員、児童生活支援員、嘱託医（精神科の診療に相当の経験を有する医師または嘱託医）、個別対応職員、家庭支援専門相談員、栄養士*1、調理員*2・心理療法を行う必要がある児童10人以上に心理療法を行う場合）・職業指導員（実習施設を設けて職業指導を行う場合） ・心理療法担当職員の数は、児童10人につき1人以上。 ・児童自立支援専門員および児童生活支援員の総数は、通じて児童4.5人につき1人以上。
児童家庭支援センター	・相談室	・児童福祉法第44条の2第1項に規定する業務（地域の児童の福祉に関する家庭その他からの相談のうち、専門的な知識及び技術を必要とするものへの対応、必要な助言を行うとともに、市町村の求めに応じ、技術的助言その他必要な援助を行うほか、児童相談所、児童福祉施設等との連絡調整等の援助を総合的に行うこと）を担当する職員

（注）*1 ＝ 児童40人以下を入所させる施設にあっては栄養士を置かないことができる。
　　　*2 ＝ 調理業務の全部を委託する施設にあっては調理員を置かないことができる。
「職員の配置基準」に示す乳幼児・児童等は、おおむねの数である。

出典：「児童福祉施設の設備及び運営に関する基準」を基に作成

いる者が、明るく衛生的な環境において、素養があり適切な訓練を受けた職員の指導によって、心身ともに健やかに社会に適応するように育成されることを保障する水準を確保することにある。

　この目的を前提として、都道府県において条例を定めるに当たっては、「人員配置基準」「居室面積基準」「人権に直結する運営基準」等の厚生労働省令で定める基準に従って定めるものと、厚生労働省令で定める基準を参酌（妥当性を検討した上で判断）するものを区別しており、地域の事情を踏まえた弾力的な運用を可能にしている。

【引用・参考文献】

加藤孝正・小川英彦編著『基礎から学ぶ社会的養護』ミネルヴァ書房、2012年
こども未来財団『児童保護措置費・保育所運営費手帳（平成25年度版）』こども未来財団、2013年
埼玉県福祉部福祉施設監査課編「社会福祉法人の理事の手引き」2009年（a）
埼玉県福祉部福祉施設監査課編「社会福祉法人の監事の手引き」2009年（b）
埼玉県福祉部福祉施設監査課編「社会福祉法人の評議員の手引き」2009年（c）
東京都福祉保健局生活福祉部地域福祉推進課（福祉人材対策係）編集「社会福祉施設における組織管理ガイドライン」東京都福祉保健局生活福祉部地域福祉推進課（福祉人材対策係）、2012年
長谷川保夫「福祉サービス提供の運営管理」社会福祉法人東京都社会福祉協議会『社会福祉施設・事業者のための運営ハンドブック2012年版』社会福祉法人東京都社会福祉協議会、2011年、pp.229-264
久門道利・西岡　修編集『福祉サービスの組織と経営―社会福祉運営管理・社会福祉経営管理』弘文堂、2009年
平本譲「施設養護の『最低基準』」北川清一編『三訂　児童福祉施設と実践方法――養護原理とソーシャルワーク』中央法規出版、2005年、pp.216-229
松本峰雄編著『子どもの養護―社会的養護の原理と内容』建帛社、2011年

【監修者紹介】

林 邦雄（はやし・くにお）
　元静岡大学教育学部教授、元目白大学人文学部教授
　［主な著書］『図解子ども事典』（監修、一藝社、2004年）、『障がい児の育つこころ・育てるこころ』（一藝社、2006年）ほか多数

谷田貝 公昭（やたがい・まさあき）
　目白大学大学院講師・聖心女子専門学校講師
　［主な著書］『新・保育内容シリーズ［全6巻］』（監修、一藝社、2010年）、『子ども学講座［全5巻］』（監修、一藝社、2010年）ほか多数

【編著者紹介】

千葉 茂明（ちば・しげあき）［第1章］［第12章］
　目白大学人間学部教授
　［主な著書］『新・社会福祉概論』（編著、みらい、2001年）、『エッセンシャル 児童・家庭福祉論』（編著、みらい、2010年）ほか多数

【執筆者紹介】

(五十音順、[ ]内は担当章)

太田敬志（おおた・たかし）[第7章]
　児童養護施設阿波国慈恵院院長

上村千尋（かみむら・ちひろ）[第2章]
　金城学院大学人間科学部教授

虹釜和昭（ごのかま・かずあき）[第14章]
　北陸学院大学人間総合学部教授

齋藤知子（さいとう・ともこ）[第13章]
　帝京平成大学現代ライフ学部講師

谷村和秀（たにむら・かずひで）[第9章]
　愛知学泉短期大学講師

隣谷正範（となりや・まさのり）[第15章]
　松本短期大学助教

板東一仁（ばんどう・かずひと）[第6章]
　大阪青山大学健康科学部教授

平本　譲（ひらもと・ゆずる）[第10章]
　聖セシリア女子短期大学准教授

宮内俊一（みやうち・しゅんいち）[第8章]
　名寄市立大学短期大学部准教授

武藤大司（むとう・だいじ）[第11章]
　プール学院大学短期大学部准教授

森合真一（もりあい・しんいち）［第4章］
　近畿大学豊岡短期大学専任講師

山田亮一（やまだ・りょういち）［第5章］
　高田短期大学教授

和田上貴昭（わだがみ・たかあき）［第3章］
　目白大学人間学部准教授

保育者養成シリーズ
社会的養護

2014年4月20日　初版第1刷発行

監修者　林 邦雄・谷田貝 公昭
編著者　千葉 茂明
発行者　菊池 公男

発行所　株式会社 一藝社
〒160-0022　東京都新宿区新宿1-6-11
Tel. 03-5312-8890　Fax. 03-5312-8895
E-mail : info@ichigeisha.co.jp
HP : http://www.ichigeisha.co.jp
振替　東京 00180-5-350802
印刷・製本　シナノ書籍印刷株式会社

©Kunio Hayashi, Masaaki Yatagai 2014 Printed in Japan
ISBN 978-4-86359-071-7 C3037
乱丁・落丁本はお取り替えいたします

一藝社の本

保育者養成シリーズ

林 邦雄・谷田貝公昭◆監修

《"幼児の心のわかる保育者を養成する" この課題に応える新シリーズ》

児童家庭福祉論　　髙玉和子◆編著
A5判　並製　224頁　定価（本体1,800円＋税）　ISBN 978-4-86359-020-5

教育原理　　大沢 裕◆編著
A5判　並製　208頁　定価（本体2,200円＋税）　ISBN 978-4-86359-034-2

保育内容総論　　大沢 裕・髙橋弥生◆編著
A5判　並製　200頁　定価（本体2,200円＋税）　ISBN 978-4-86359-037-3

保育の心理学Ⅰ　　谷口明子・西方 毅◆編著
A5判　並製　216頁　定価（本体2,200円＋税）　ISBN 978-4-86359-038-0

保育の心理学Ⅱ　　西方 毅・谷口明子◆編著
A5判　並製　208頁　定価（本体2,200円＋税）　ISBN 978-4-86359-039-7

相談援助　　髙玉和子・和田上貴昭◆編著
A5判　並製　208頁　定価（本体2,200円＋税）　ISBN 978-4-86359-035-9

保育相談支援　　髙玉和子・和田上貴昭◆編著
A5判　並製　200頁　定価（本体2,200円＋税）　ISBN 978-4-86359-036-6

保育・教育課程論　　髙橋弥生◆編著
A5判　並製　216頁　定価（本体2,200円＋税）　ISBN 978-4-86359-044-1

障害児保育　　青木 豊◆編著
A5判　並製　208頁　定価（本体2,200円＋税）　ISBN 978-4-86359-045-8

保育実習　　髙橋弥生・小野友紀◆編著
A5判　並製　208頁　定価（本体2,200円＋税）　ISBN 978-4-86359-046-5

幼稚園教育実習　　大沢 裕・髙橋弥生◆編著
A5判　並製　208頁　定価（本体2,200円＋税）　ISBN 978-4-86359-047-2

新版 保育者論　　谷田貝公昭・髙橋弥生◆編著
A5判　並製　208頁　定価（本体2,200円＋税）　ISBN 978-4-86359-051-9

子どもの食と栄養　　林 俊郎◆編著
A5判　並製　216頁　定価（本体2,200円＋税）　ISBN 978-4-86359-052-6

社会福祉　　山﨑順子・和田上貴昭◆編著
A5判　並製　224頁　定価（本体2,200円＋税）　ISBN 978-4-86359-053-3

家庭支援論　　中野由美子◆編著
A5判　並製　200頁　定価（本体2,200円＋税）　ISBN 978-4-86359-061-8

社会的養護　　千葉茂明◆編著
A5判　並製　216頁　定価（本体2,200円＋税）　ISBN 978-4-86359-071-7

社会的養護内容　　千葉茂明◆編著
A5判　並製　216頁　定価（本体2,200円＋税）　ISBN 978-4-86359-070-0

子どもの保健Ⅰ　　加部一彦◆編著
A5判　並製　216頁　定価（本体2,200円＋税）　ISBN 978-4-86359-069-4

ご注文は最寄りの書店または小社営業部まで。小社ホームページからもご注文いただけます。